한비자

권력의 칼날 위에 선 군주를 위한 제왕학

청소년 철학창고 24

한비자 권력의 칼날 위에 선 군주를 위한 제왕학

초판 1쇄 발행 2010년 8월 28일 | 초판 4쇄 발행 2019년 5월 20일

풀어쓴이 마현준
펴낸이 홍석 | 기획 채희석 | 전무 김명희
편집 유남경 | 표지 디자인 황종환 | 본문 디자인 서은경
마케팅 홍성우·이가은·홍보람·김정선 | 관리 최우리
펴낸곳 도서출판 풀빛 | 등록 1979년 3월 6일 제8-24호
주소 03762 서울시 서대문구 북아현로 11가길 12 3층
전화 02-363-5995(영업), 02-362-8900(편집) | 팩스 02-393-3858
홈페이지 www.pulbit.co.kr | 전자우편 inmun@pulbit.co.kr

ISBN 978-89-7474-556-1 44150
ISBN 978-89-7474-526-4 (세트)

이 도서의 국립중앙도서관 출판예정도서목록(CIP)은 서지정보유통지원시스템 홈페이지(http://seoji.nl.go.kr)와
국가자료공동목록시스템(http://www.nl.go.kr/kolisnet)에서 이용하실 수 있습니다. (CIP제어번호: CIP2010002697)

한비자

권력의 칼날 위에 선 군주를 위한 제왕학

한비자 지음 | 마현준 풀어씀

'청소년 철학창고'를 펴내며

우리 청소년이 읽을 만한 좋은 책은 없을까? 많은 분들이 이런 고민을 하셨을 겁니다. 그러면서 흔히들 고전을 읽어야 한다고 합니다. 하지만 서점에 가서 책을 골라 보신 분들은 느꼈을 겁니다. '청소년의 지적 수준에 맞춰서 읽힐 만한 고전이 이렇게도 없는가.'라고.

고전 선택의 또 다른 어려움은 고전의 범위가 매우 넓다는 것입니다. 청소년 시기에는 시간과 능력의 한계 때문에 그 많은 고전들을 모두 읽을 수 없습니다. 그렇다면 어떤 책을 읽어야 할까요?

이런 여러 현실적인 어려움을 고려해 기획한 것이 풀빛 '청소년 철학창고'입니다. '청소년 철학창고'는 고전의 핵심이라 할 수 있는 '철학'에 더 많은 무게를 실었습니다. 그 이유는 무엇일까요?

사람들은 일반적으로 철학을 현실과 동떨어진 공리공담이나 펼치는 학문이라고 생각합니다. 하지만 철학적 사고의 핵심은 사물과 현상을 다양하게 분석하고 종합해서 그 원칙이나 원리를 찾아내는 것입니다. 그래서 철학은 인간과 세상에 대해 깊이 있게 생각하고, 논리적으로 종합하는 능력을 키워 줍니다. 그런 만큼 세상과 인간에 대해 눈떠 가는 청소년 시기에 정말로 필요한 공부입니다.

하지만 모든 고전이 그렇듯이 철학 고전 또한 읽기가 쉽지 않습니다. 그래서 '청소년 철학창고'는 청소년의 눈높이에 맞추기 위해 선정에서부터 원문 구성에 이르기까지 많은 노력을 기울였습니다.

첫째, 책을 선정하는 과정에서부터 엄격함을 유지했습니다. 동양·서양·한국 철학 전공자들이 많은 회의 과정을 거쳐, 각 시대마다 동서양과 한국을 대표하는 철학 고전들을 엄선했습니다. 특히 우리 선조들의 사상과 동시대 동서양의 사상들을 주체적인 입장에서 비교하고 검토할 수 있도록 했습니다.

둘째, 고전 읽기의 참다운 맛을 살리기 위해 최대한 원문을 중심으로 구성했습니다. 물론 원문 읽기의 어려움을 해결하기 위해 새롭게 번역하고 재정리했습니다. 그리고 청소년이라면 누구나 어렵지 않게 읽으면서 고전이 주는 의미와 내용을 이해할 수 있도록 설명을 덧붙였고, 전체 해설을 통해 저자의 사상과 전체 내용을 다시 한 번 정리해 주었습니다.

마지막으로 쉬운 것부터 읽기 시작해 점차 사고의 폭을 넓혀 가도록 난이도에 따라 세 단계로 구분했습니다. 물론 단계와 상관없이 읽고 싶은 순서대로 읽어도 됩니다.

우리 선정위원들은 고전 읽기의 진정한 의미가 '옛것을 되살려 오늘을 새롭게 한다(溫故知新).'는 데 있다고 생각합니다. '청소년 철학창고'를 통해 자라나는 청소년들이 인간과 사물에 대한 깊은 통찰력을 키워, 밝은 미래를 열어 나갈 수 있기를 진정으로 바랍니다.

2005년 2월

선정위원 허우성(경희대 교수, 동양 철학)   윤찬원(인천대 교수, 동양 철학)
         정영근(서울산업대 교수, 한국 철학)   허남진(서울대 교수, 한국 철학)
         이남인(서울대 교수, 서양 철학)   한자경(이화여대 교수, 서양 철학)

들어가는 말

    우리가 중국의 고전이라고 하면 흔히 《논어(論語)》와 《맹자(孟子)》, 《노자(老子)》와 《장자(莊子)》, 또는 《묵자(墨子)》나 《한비자(韓非子)》 등을 떠올릴 것이다. 그 가운데 유가나 도가 등의 사상은 널리 알려져 있지만 묵가나 법가 사상은 그다지 관심을 끌고 있지 못하다. 그 가운데 '수주대토(守株待兎, 나무 그루터기를 지켜보며 토끼가 나오기를 기다린다는 뜻으로, 한 가지 일에만 얽매여 발전을 모르는 사람을 비유한 말)', '순망치한(脣亡齒寒, 입술이 없으면 이가 사라진다는 뜻으로, 서로 이해관계가 밀접한 사이에 어느 한쪽이 망하면 다른 한쪽도 온전하기 어려움을 이르는 말)', '토사구팽(兎死狗烹, 토끼가 죽으면 토끼를 잡던 사냥개도 필요 없게 되어 주인에게 삶아 먹히게 된다는 뜻으로, 필요할 때는 쓰고 필요 없을 때는 야박하게 버리는 경우를 이르는 말)' 등 우리에게 익숙한 고사들을 생각해 본다면 《한비자》로 대표되는 법가 사상 또한 우리 곁에 가까이 있었던 셈이다. 사실 《한비자》는 그 분량의 방대함이나 내용의 치밀함에 비해 잘 알려지지 않은 편이었다. 청소년들에게는 더욱 그러하다. 이는 유학을 정통으로 삼았던 조선 시대부터 내려온 학문 편식 탓으로 보인다.

    하지만 《한비자》에는 춘추 전국 시대의 현실 인식이 어느 책보다 자세하게 담겨 있으며, 특히 치열한 정치 투쟁과 복잡한 사회 상황이 전개되었던 전국 시대의 모습이 잘 드러나 있다. 그뿐만이 아니라 수많은 인물이나 사건, 우화 등이 기록되어 있어 고대 중국의 다양한 사회상을 엿볼 수 있다.

    《한비자》의 저자인 한비자는 인간의 본성이 악하다는 성악설의 입장에서 그것을 해결하기 위한 방안으로 엄격한 법치를 주장했다. 스승인 순자의 영향도 있었겠지만, 약육강식의 논리가 난무하던 전국 시대의 한복판에 살았던 그로서는 인간에게서 선한 구석을 찾을 수 없었을 것이다. 한비자는 성악설과 함께 상앙(?~기원전 338, 진나라의 정치가)의 법(法), 신불해(?~기원전 337, 한나라의 정치가)의 술(術), 신도(?~기원전 302, 조나라의 학자·사상가)의 세(勢)에 의한 통치 방법을 받아들여 법가 사상을 집대성했다. 그리고 이는 진나라의 군주인 정(政, 진시황)에게 채택되었고, 그를 통해 전국 시대를 마감하고 중국 최초의 통일 국가를 이루는 이념적 토대가 되었다.

이런 점에서 본다면 한비자를 대표로 하는 법가 사상은 제자백가 중에서 가장 현실적이고 실천적인 학문이라고도 평가할 수 있다. 물론 여기서 말하는 법이란 오늘날 말하는 법학 이론이라기보다는 군주를 중심으로 한 사회 조직론이나 국가 운영 방법론이라 하는 것이 더 타당할 것이다. 그래서 법가 사상은 어찌 보면 동양의 마키아벨리즘(Machiavellism, 국가 지상주의적 정치사상)이라 부를 수 있는 측면도 있다.

오늘날의 입장에서 보면 이런 법가 사상은 부국강병을 통한 중앙 집권적 군주 정치를 주장한다는 점에서 유가나 묵가처럼 인간의 보편적 가치를 추구하는 사상들과는 거리가 멀다고도 볼 수 있다. 하지만 우리가 주목해야 할 것은 한비자가 주장하는 법치와 그 방법론이다. 그는 인간이란 불완전하므로 엄격하고 차별 없는 법 적용을 통해 인간을 바로 세워야 한다고 보았다. 이는 민주주의와 주권재민 정신과는 거리가 있다. 하지만 일부 특권층에게 특혜를 주는 그런 편파적인 법치가 아니었음에 주목해야 한다. 이런 점에서 냉정한 정치 현실을 통찰한 그의 정신을 염두에 두고 이 책을 읽기 바란다. 장점을 고르고 단점을 버리는 지혜가 필요한 것이다.

2010년 8월
양촌(良村) 마현준

| 일러두기 |

1. 이 책은 왕선신(王先慎)의 《한비자 집해(韓非子集解)》(대만 화정서국)와 뇌염원(賴炎元)과 부무광(傅武光)이 주석을 한 《신역 한비자(新譯韓非子)》(대만 삼민서국)를 기본 텍스트로 삼고, 《한비자》Ⅰ, Ⅱ(한길사)를 참고했다.

2. 《한비자》는 모두 55편이 전해 오는데, 이 책에서는 한비자의 핵심 사상이라 할 수 있는 16편을 골라서 재구성했다.

3. 원문 중심으로 번역했으나 중복되는 부분은 생략했으며, 어려운 부분은 청소년의 이해를 돕기 위해 최대한 쉽게 풀어 썼다.

1 이병(二柄, 두 개의 칼자루)

1 이병(二柄, 두 개의 칼자루)

'병'은 물건의 손잡이, 또는 칼자루를 말한다. 이병이라 했으니 두 개의 칼자루라는 뜻이다. 여기서 두 개의 칼자루는 각각 권력을 쥔 사람이 내리는 상(賞)과 벌(罰)을 의미한다. 한비자는 권력의 본질은 법률로써 나라를 다스리는 기술, 즉 법술(法術)에 있다고 보았다. 여기서 법술의 핵심은 상과 벌이며 군주는 상벌의 권한을 자신의 손에 틀어쥐고 그것을 실행해야 한다는 것이다. 만약 두 개의 칼자루를 군주자신이 아니라 신하가 쥐고 있다면, 군주에게 위험이 닥칠 것이라는 말이다. 신하들이란 언제나 군주의 눈에 들려고 하기 때문에 군주를 속일 뿐만 아니라 군주가겉으로 좋아하고 싫어함을 드러내면 넘보려고 든다. 따라서 군주는 겉으로 자기감정을 드러내지 않고 오직 일의 성과에 따라 상벌을 함으로써 신하들을 통제해야 한다는 주장이다.

이빨 빠진 호랑이는 개에게 당한다

현명한 군주가 신하를 제어하기 위해서 필요한 것은 두 개의 칼자루뿐이다. 두 개의 칼자루란 형(刑)과 덕(德)이다. 형은 처벌하여 죽이는 것이고 덕은 칭찬해 상을 주는 것이다. 신하는 형을 두려워하고 덕을 이롭게 여긴다. 그러므로 군주 자신이 직접 형을 집행하고 덕을 베푼다면 신하들은 그 위세를 두려워하며 이로운 쪽으로 향할 것이다.

그러나 세상의 사악한 신하는 그렇지 않다. 자기가 미워하는 자에 대해서는 군주로부터 권력을 얻어 처벌하고 자기가 좋아하는 자에 대해서는 역시 군주로부터 권한을 얻어 상을 준다. 만일 군주가 상벌의 위세와 이득을 직접 자신으로부터 나오게 하지 않고 신하에게 맡겨 상벌을 행사하게 한다면, 온 나라 사람들이 그 신하만을 무서워하고 군주를 업신여겨 그 신하에게 몰리게 되고 군주를 버리게 될 것이다. 이야말로 군주가 상벌의 권한을 잃어서 생기는 환란이다.

호랑이가 개를 굴복시킬 수 있는 까닭은 발톱과 어금니를 가졌기 때문이다. 만일 호랑이가 발톱과 어금니를 버리고 개에게 그것을 쓰도록 한다면, 호랑이는 도리어 개에게 굴복당할 것이다. 군주란 형과 덕으로 신하를 제어하는 자다. 만일 군주가 형과 덕의 권한을 신하에게 행사하도록 한다면, 도리어 그는 신하에게 제어당할 것이다.

제(齊)나라의 전상(田常, 춘추 시대 말기의 제나라 권력자)은 군주인 간공(簡公, 기원전 484~481 재위)에게 작위(爵位, 벼슬과 지위)와 봉록(俸祿, 관리에게 주는 월급)을 청해 여러 신하들에게 나누어 주었다. 그리고 백성들에게 곡식을 빌려줄 때는 큰 용량의 그릇을 쓰고 거두어들일 때는 작은 용량의 그릇을 사용해 선심을 베풀었다. 그래서 간공은 덕을 잃게 되었고 결국 전상의 손에 살해당하고 만다.

송(宋)나라의 신하인 자한(子罕)이 군주에게 말했다. "칭찬하며 상이나 금품을 주는 일은 사람들이 좋아하는 것이니 군주께서 직접 행하십시오. 반면 살육(殺戮)이나 형벌은 사람들이 싫어하는 것이니 제게 그것을 맡겨 주십시오." 이리하여 송의 군주는 형벌을 내리는 권한을 넘겨주어 자한이 대신 그것을 행사하게 되었다. 결국 송의 군주는 자한에게 협박을 받아 정권은 자한의 손으로 넘어갔다.

이상의 예를 보면 제나라 실력자인 전상이 단지 덕을 베푸는 것만으로도 군주인 간공은 살해되었고, 자한은 형벌을 내리는 권한만을 행사했는데도 송의 군주는 협박을 받아 정권을 빼앗겼다. 그런데 지금 세상의 신하들은 형과 덕이라는 두 칼자루를 함께 쥐고 행사하고 있으니, 지금 군주들의 위태로움은 제나라와 송나라의 군주보다 훨씬 더 심각한 상태라 할 수 있다.

신하에게 군주의 권한을 침범할 계기를 주지 마라

군주가 간사한 신하를 두지 않기 위해 그 실적과 명목이 일치하는 지를 살핀다는 것은, 신하가 의견을 제시한 것과 실제 일한 성과가 서로 일치하는지를 점검한다는 뜻이다. 신하가 어떤 일에 대해 자기 의견을 진술하면 군주는 그 진술에 걸맞은 일을 맡기고 그에 상응하는 성과를 요구한다. 성과가 그 일에 들어맞고 일이 그 말에 들어맞으면 상을 준다. 그렇지 않으면 벌을 준다. 그러므로 의견은 크면서 성과가 작은 신하는 벌한다. 이는 성과가 작다고 벌하는 것이 아니라, 그 성과가 명목과 들어맞지 않아서 벌하는 것이다. 또한 의견은 작으면서 성과가 큰 신하도 벌한다. 큰 성과가 기쁘지 않아서가 아니라 명목에 들어맞지 않아서 발생한 폐해가 그 성과가 갖는 이득보다 더 심하다고 판단되기 때문이다.

옛날 한(韓)나라의 군주인 소후(昭侯, 기원전 362~333 재위)가 술에 취해 그 자리에서 잠을 잔 적이 있었다. 관(冠)을 담당하는 자가 군주가 추울 것이라 여겨 그의 몸 위에 옷을 덮어 주었다. 군주가 잠에서 깨어 좋아하며 좌우 측근에게 물었다. "옷을 덮어 준 자가 누구냐?" 좌우 측근이 대답했다. "관을 담당하는 자입니다." 군주는 이 일로 옷을 담당하는 자와 관을 담당하는 자를 함께 처벌했다. 옷을 담당하는 자를 처벌한 것은 직분을 게을리 했다고 생각했기 때문이며, 관을 담당하는 자를 처벌한 것은 자기 직분에서 벗어난 일을 했다고 여겼기 때문이다. 추운 것을 좋아해서가 아니라 다른 직분을 침범하는 폐해가 추운 것보다 더 심하다고 여긴 것이다.

그러므로 현명한 군주는 신하를 거느릴 때 신하가 자기 직분을 넘어선 성과를 낼 수 없게 하며, 신하가 진술한 의견이 실제 일과 들어맞지 않는 일이 없도록 해야 한다. 직분을 넘어서면 죽이고 주장한 의견이 한 일과 들어맞지 않으면 벌을 내린다. 관직에 따라서 그 직분이 충실히 지켜지고 진술한 말이 실제 행한 일과 들어맞는다면 신하들이 패거리를 지어 서로 돕는 일이 없을 것이다.

본심을 드러내지 마라

군주에게는 두 가지 근심거리가 있다. 하나는 현명한 자를 골라 등용하면 그가 신하가 되고 나서 자신의 현명함을 빙자해 군주를 협박하려 드는 일이다. 다른 하나는 함부로 아무나 등용하면 그가 신하가 된 후에 정사(政事, 정치 또는 행정상의 일)를 그르쳐 군주가 국정을 제대로 처리할 수 없는 지경에 이르게 된다는 사실이다. 군주가 현명한 자를 좋아하면 그 현명한 신하들은 행동을 꾸며 군주의 뜻에 영합(迎合, 사사로운 이익을 위해 아첨하며 좇음)하려 할 것이다. 그러면 여러 신하들의 본심은 드러나지 않을 것이다. 신하들의 본심이 잘 드러나지 않으면 군주는 그들을 구분해서 가려 낼 수 없게 된다.

그러므로 월(越)나라 군주인 구천(句踐, ?~기원전 465 재위)은 용맹스러움을 좋아하여 사람들 가운데 죽음을 가볍게 여기는 자가 많아졌다.

초(楚)나라의 영왕(靈王, 기원전 540~529 재위)은 허리가 가는 자를 좋아하여 도성 안에 굶어 죽는 자가 많아졌다. 제(齊)나라의 환공(桓公, ?~기원전 643 재위)은 질투가 심하고 여자를 좋아했기 때문에 내시 수

▲ 구천
월나라의 왕으로 오나라의 부차에게 패해 수모를
겪었지만 그 뒤 부국강병에 힘써 오나라를 멸망
시키고 패자가 되었다.

▲ 제나라의 환공
춘추 오패의 첫 번째 패자로 관중을 재상에 임명해 부국
강병을 이루었다. 정치·군사·경제의 개혁을 단행했으
며 존왕양이(尊王攘夷, 주나라 왕을 받들고 이민족을 제압함)를 주
창했다.

조가 스스로 거세하고 후궁 일을 관리했다.

또한 환공은 미식을 즐겨서 요리사 역아가 군주인 환공을 위해 자기 맏아들을 삶아 음식으로 바쳤다. 연(燕)나라 왕 자쾌(子噲, 기원전 320~314 재위)는 요[堯, 중국 고대 신화에 나오는 삼황오제(三皇五帝, 세 명의 황제와 다섯 명의 제왕) 가운데 오제의 한 사람]가 허유(許由)에게 양위(讓位, 임금의 자리를 물려줌)하려고 한 일을 훌륭히 여겨, 군주 자리를 신하인 자지(子之)에게 내주었다. 자지가 사양하여 받지 않는 척했지만 결국 왕위에 올라 자쾌는 신하처럼 지내는 봉변을 당하고 말았다. 그러므로 군주가 싫어하는 뜻을 내비치면 신하들은 사소한 것이라도 군주가 싫어할 만한 꼬투리를 숨기고, 군주가 좋아하는 뜻을 내비치면 신하들은 능력이 없어도 있는 척하며, 군주가 무엇인가 하고자 하는 의욕을 드러내면 신하들은 군주의 뜻에 영합하고자 갖가지 형태로 자질이 있는 척 꾸미는 것이다.

그러므로 자지는 군주가 어진 것을 좋아한다는 핑계로 그 자리를 빼앗은 자며, 수조와 역아는 군주의 욕망을 빌려서 그 군주를 침범한 자다. 그 결과 자쾌는 내란으로 죽고 환공은 죽어서 그 시신에 구더기가 생겨 문 밖으로 기어 나올 때까지 장례조차 치르지 못했다. 이렇게 된 이유가 무엇인가? 군주가 자기 본심을 드러내어 신하에게 권한을 빌려주었기 때문에 생긴 근심거리다. 신하가 된 자의 심정은, 군주를 반드시 사랑하기 때문에 따르는 것이 아니라 이익을 귀중하게 여기기 때문에 그러한 것이다. 만약 군주가 본심을 숨기지 못하고 단서를 가리지 못한 채로 신하에게 군주의 권한을 침범할 수 있는 계기를 준다면, 그 신하들이 자지나 전상과 같이 되는 것은 어렵지 않은 일이다. 그러므로 "군주는 좋아하는 표정도 짓지 말고 싫어하는 표정도 짓지 말라. 그래야 여러 신하들이 그 본바탕을 드러낼 것이다."라고 했다. 신하들이 본바탕을 드러내면 군주의 눈이 가려지는 일은 없을 것이다.

✝〈이병〉 편은 한비자의 가장 기본적인 이론 가운데 하나인 군주의 신하 통솔법을 다루고 이다. 이 통솔법을 '술(術)'이라고 한다. 한비자는 이 '술'에 앞서 법의 엄격하고 공평한 집행을 논한 〈유도〉 편을 두었다. 그러므로 제정된 법이 엄격하고 공정하게 지켜지기 위해서는 그 방법론인 '술'을 제대로 시행해야 한다고 보고 〈이병〉 편을 기술한 것이다. 말하자면 〈유도〉 편과 〈이병〉 편은 동전의 양면인 셈이고 그 핵심이 법으로 다스리는 기술인 '법술'인 것이다.

'술'의 바탕이 되는 것은 '법'에 의해 정해진 상과 벌을 행하는 방법이다. 그 방법은 바로 '형명참동[刑名參同, 형(刑)은 형(形)과 통하므로 실제와 명칭이 서로 같은가를 살피는 것을 의미함]'이라 불리는 것으로, 군주가 신하에 대해 엄격한 근무 평정(評定, 평가하여 결정함)을 해서 다스리는 것을 말한다.

여기서 독특한 것은 드러난 성과가 계획에 미치지 못한 것을 처벌하는 것은 당연한 것이지만 계획 이상의 성과를 올린 경우에도 처벌을 한다는 점이다. 한비자는 성과를 올리는 것만이 능사가 아니라고 보았다. 성과가 아무리 크다고 할지라도 그것이 군주의 권위를 손상시키거나 군주를 기만한 것이어서는 안 된다는 것이다. 당장의 이익보다 신하에 대한 통솔이 더욱 중요하다고 보았기 때문이다. 늘 하극상(下剋上, 신분이 낮은 사람이 윗사람을 꺾고 오는 것)의 위기에 놓여 있던 전국 시대의 군주에게는 더할 나위 없이 귀에 솔깃한 방법임에 틀림없다.

　나아가서 '형명참동'에 의한 상벌을 제대로 성공시키려면 신하에게 속임을 당하는 일이 없어야 한다는 것이다. 한비자는 신하가 충성을 다하는 것이나 군주가 벼슬과 녹을 주는 것은 모두 상대에게 요구하는 것이 있기 때문이라고 보았다. 군주와 신하의 관계는 혈육으로 맺어진 부모 자식 사이처럼 신뢰가 밑바탕이 되는 게 아니라 이해를 따지며 서로가 서로를 속이는 관계라는 것이다. 그러므로 군주가 조금이라도 빈틈을 보이면 신하는 이를 빌미로 군주를 속이거나 무시하면서 심한 경우에는 시해까지 한다. 따라서 군주가 신하를 제어할 수 있는 가장 좋은 방법은, 자신의 속내를 드러내지 않음으로써 도리어 신하가 그 속내를 드러내게 하는 것이다. 정치란 이토록 냉정한 인간관계가 바탕에 깔려 있다는 것을 〈이병〉 편은 잘 보여 주고 있다.

2 팔간(八姦, 여덟 가지의 간악함)

2 팔간(八姦, 여덟 가지의 간악함)

'팔간'이란 여덟 가지의 간악함을 말하는 것이다. 즉 간악한 신하가 군주에게 저지르는 여덟 가지의 간사한 방법이다. 팔간은 동상(同床, 군주와 침실을 함께 하는 자들을 이용하는 방법)·재방(在傍, 군주의 최측근을 이용하는 방법)·부형(父兄, 군주의 친족들을 이용하는 방법)·양앙(養殃, 재앙을 기르는 방법)·민맹(民氓, 무지한 백성을 이용하는 방법)·유행(流行, 유창한 변설을 이용하는 방법)·위강(威强, 위세가 강한 것을 이용하는 방법)·사방(四方, 주변의 여러 나라들을 이용하는 방법) 등이다. 한비자는 군주가 근본적으로 문제를 해결하기 위해서는 미리 이런 간악한 행동을 예방해야 한다는 점을 강조하면서, 이에 대한 방안을 제시했다.

신하가 군주에게 저지르는 간악한 행동

첫째, 군주와 침실을 함께하는 자들을 이용하는 방법이다. 왕비와 후궁, 용모가 아름다운 미녀는 모두 군주를 매혹하여 지극한 총애를 받는 자들이다. 이들은 군주가 한가하게 휴식을 하거나 술에 취했을 때를 틈타 원하는 것을 요청한다. 이때 요구한 것은 반드시 들어주기 마련이므로 매우 확실한 방법이다. 그래서 신하라는 자가 은밀하게 이들에게 금과 옥을 뇌물로 바치고 군주를 현혹시키니 이를 '동상(同床)'이라 한다.

둘째, 군주 곁에 가까이 있는 배우나 광대와 같은 자들을 이용하는 방법이다. 이들은 군주가 명령을 내리기도 전에 대답을 하고 분부대로 하겠노라 말하는 자들이다. 이렇듯 그들은 군주의 안색을 살펴 그 의중을 먼저 알아차리고 비위를 맞추려는 자들이다. 또한 이들은 무리를 지어 행동을 함께 하는 자들로 군주의 마음을 움직이고 속일 수 있는 자들이다. 그래서 신하라는 자가 군주를 가까이 모시는 이들에게 금과 옥과 같은 진기한 노리개를 뇌물로 주고, 또한 이들이 법을 어기더라도 제재를 받지 않도록 해 준 뒤에 군주의 마음을 돌리게 한다. 이를 '재방(在傍)'이라 한다.

셋째, 군주의 친족을 이용하는 방법이다. 이들은 어머니가 다른 숙부나 첩이 낳은 공자 등으로 군주가 가장 친애하는 자들이다. 또한 조정의 대신이나 고급 관리들도 있는데, 이들은 군주와 국정을 의논하는 자들이다. 그 때문에 이들이 협력하여 진언하면 군주도 반드시 경청할 것이다. 그래서 신하라는 자가 아름다운 음악과 여인을 바쳐 군주의 친척을 섬기며, 조정의 대신들을 감언이설로 매수해 환심을 산다. 그런 다음 그들로 하여금 군주에게 진언하게 하고, 그 일이 성사되면 신하들의 작위가 올라가고 봉록이 늘어나게 된다. 이렇게 친족의 마음을 사로잡아 군주를 침범하니 이를 '부형(父兄)'이라 한다.

넷째, 군주의 재앙을 조장하는 것이다. 궁실과 누각을 화려하게 꾸미는 것을 좋아하고, 미녀나 개와 말을 아름답게 치장하는 것을 즐거워하는 것은 바로 군주의 재앙이다. 이때 신하라는 자가 백성들의 노동력을 동원하여 궁궐과 누각을 아름답게 꾸미고 세금을 무겁게 거둬들여 미녀나 개와 말을 치장하게 해서 군주의 환심을 산다. 그래서 그 마음을 어지럽게 만들고 군주의 욕망을 만족시키는 한편 사욕을 채우려는 속셈을 품고 있는 것을 '양앙(養殃)'이라 한다.

다섯째, 어리석은 백성들을 이용하는 방법이다. 신하라는 자가 국가의 공적인 재물을 이용해 사람들의 환심을 사고, 사사로운 은혜를 베풀어 백성들의 마음을 빼앗아 조정과 시정(市井)의 사람들로 하여금 자신을 칭송하게 만들며, 군주의 은혜가 아래까지 미치는 것을 차단해서 자기가 바라는 욕망을 성취한다. 이를 '민맹(民氓)'이라 한다.

여섯째, 유창한 변설(辨說)을 이용하는 방법이다. 군주는 본래 신하들의 자유로운 주장을 들을 수 있는 대화 통로가 막혀 있으며 다양한 논의를 듣는 기회도 드물어, 유창한 변설을 들으면 마음이 움직이기 쉽다. 그래서 신하라는 자가 여러 나라에서 뛰어난 유세객을 불러들이고 그 나라에서는 말 잘하는 사람을 양성해, 그들을 군주 앞에 세워 자신들에게 이익이 되도록 말하게 하거나 교묘한 언변이나 유창한 변설을 펴게 한다. 또한 군주에게 이로운 형세를 과시하거나 혹은 환란과 재해의 징조를 들어 겁을 주는 등 허황된 말을 늘어놓아 군주의 판단을 흩어지게 한다. 이를 '유행(流行)'이라 한다.

일곱째, 위세(威勢)가 강한 것을 이용하는 방법이다. 군주는 신하와 백성에 의지하여 위세를 강하게 부리는 사람이다. 따라서 신하와 백성이 좋다고 하면 군주도 그것을 좋다고 하고, 신하나 백성이 싫다고 하면 군주도 그것을 좋아하지 않는 것이다. 그런데 신하라는 자가 허리에 칼을 차고 다니는 협객들이나 모으고 자기를 위해 목숨을 내놓고 싸울 무사들을 길러 그 위력을 과시한다. 그래서 자기를 위해 일하는 자는 반드시 이익을 주며 그렇지 않는 자는 반드시 죽인다고 밝힘으로써 다른 신하와 백성을 겁먹게 하여 자기의 사적 이익을 추구한다. 이를 '위강(威强)'이라 한다.

여덟째, 주변에 있는 여러 나라들을 이용하는 방법이다. 군주는 나라가 작을 경우 큰 나라를 섬기고 병력이 약할 때는 강한 군대를 두려워한다. 군주는 나라가 작으면 강대국을 섬기게 마련이고 병력이 약하면 강한 병력을 두려워하게 되어 있다. 그런데 신하라는 자가 세금을 무겁게 걷고 국고를 탕진해 자기 나라가 대국을 섬기도록 하며, 대국의 위세를 빌려 자기 나라의 군주를 좌지우지한다. 심한 경우에는 강대국의 군대를 일으키게 해서 자기 나라의 변경으로 불러들여 국내의 다른 세력을 제압하고 자기 의견을 관철시키고자 한다. 그 정도로 심하지는 않을지라도 자주 강대국의 사신을 국내로 불러들여 자기 나라의 군주를 위협해 공포에 떨게 한다. 이를 '사방(四方)'이라 한다.

이 여덟 가지는 신하가 군주에게 간악한 일을 하는 수단이며 군주의 눈과 귀를 막거나 군주를 협박해 그 가진 것을 잃게 하는 원인이니 신중하게 살펴보아야 할 것이다.

군주가 신하의 간악한 행동을 막는 방법

현명한 군주는 궁궐에서 여색을 가까이 하지만 신하에게 매수되어 요구하는 말을 들어주지 않으며 사적인 청탁을 못하게 한다. 좌우 측근에게는 임무를 주되 반드시 자신이 한 말에 대한 책임을 물어 허튼 변명을 못하게 한다. 친족과 대신들에게는 그들이 하는 말을 들어주되 사후에 착오가 생기면 끝까지 책임지게 하며 형벌로 다스려서 경거망동하는 일이 없도록 한다. 노리개나 진귀한 물건을 받았을 경우에는 반드시 그 출처를 알리게 하고 신하들이 독단으로 처리하지 못하게 한다. 그래야 신하들이 군주의 의중을 제대로 파악하지 못하게 된다.

신하들이 백성들에게 은덕을 베풀고자 궁궐의 재물이나 곡식 창고를 방출할 때에는 반드시 군주의 명령으로부터 나왔다는 사실을 알려야 한다. 이는 신하들이 사적으로 은덕을 베푼 것처럼 속이는 것을 방지하기 위함이다. 유세하고 논의하는 과정에서 신하들은 자신이 좋아하는 자는 칭찬하고 미워하는 자를 비방하기 마련이다. 따라서 군주는 신하들의 실제 능력을 확인하고 그 과오를 살펴서 신하들로 하여금 한통속이 되어 말을 맞추는 일이 없도록 한다.

뛰어난 힘을 지닌 무사가 전쟁에서 공을 세웠다면 그 공적에 맞는 상을 내리고, 항간(巷間, 보통 민중들 사이)의 사사로운 분쟁에서 그 힘을 썼을 때에는 그 죄를 용서해선 안 된다. 또한 신하들로 하여금 개인 재산을 들여 무사를 양성하지 못하도록 한다. 다른 나라의 군주가 요구하는 바가 있어도 법도에 맞으면 수용하고 법도에 맞지 않으면 거절한다.

망국(亡國, 이미 망하여 없어진 나라)의 군주란 나라를 갖지 못한 것이 아니다. 비록 나라를 가지고 있다 하더라도 명목뿐이고 실제로는 군주 자신의 소유가 아니라는 말이다. 만약 신하들이 외세를 이용해 국정을 좌지우지한다면 군주는 나라를 잃은 것이나 마찬가지다. 대국의 요구를 들어주는 것은 멸망을 피하기 위해서다. 그런데 대국의 요구를 들어주는 것이 대국의 요구를 들어주지 않았을 경우보다 더 빨리 멸망할 수 있는 것이라면 그 요구를 거절한다. 또 신하들이 자기 의견을 군주가 들어주지 않는다는 것을 알면 다른 나라의 군주와 은밀한 교섭을 하지 않을 것이다. 다른 나라의 군주도 그것을 알면 그 신하가 자기 군주의 일을 거짓으로 속여 말하더라도 받아들이지 않을 것이다.

현명한 군주가 관직과 봉록을 마련하는 까닭은 어진 인재를 등용하고 공로가 있는 자를 격려하기 위해서다. 그러므로 "어진 인재는 후한 봉록을 받고 높은 벼슬에 임명되며 공로가 큰 자는 존엄한 작위에 올라 중한 상을 받는다."라는 말이 있다. 어진 인재를 등용할 때에는 능력을 잘 살펴야 하고 봉록을 부여할 경우에는 그 공로에 걸맞아야 한다. 그래서 어진 인재는 자신의 능력을 과장해 군주를 섬기지 않으며 공로가 있는 자는 일에 진력하는 것을 즐거워한다. 그러므로 일이 완성되고 공적이 세워지는 것이다.

그러나 지금은 그렇지 못하다. 어진 자와 그렇지 못한 자를 검토하지 않고 공로의 여부도 가리지 않는다. 다른 나라의 군주들이 중시하는 자라 하여 등용하고 측근의 청탁이라 하여 받아들인다. 군주의 친족이나 대신은 위로는 군주에게 관직과 봉록을 요구하고, 아래로는 그것을 팔아 재물을 거두고 사사롭게 패거리를 결성하는 지경에 이르렀다. 그래서 재물이 많은 자들은 뇌물로 관직을 사들여 귀한 자리에 오르고 측근과 교제가 있는 자들은 특별하게 간청해 권세를 장악한다. 이런 까닭에 공로가 있는 신하가 인정을 받지 못하며 관직의 이동에도 그 정당성을 잃는 것이다. 또한 관리들은 직무를 올바로 처리하기보다는 외국과 교섭하는 일에만 치중하고 자기가 해야 할 본업은 내팽개치고 재물 모으는 것에만 혈안이다. 그러므로 어진 자라 해도 태만하게 되고 공로가 있는 자도 자기 임무를 등한히 여기게 되는데, 이것이 바로 망국의 징조다.

✢ 신하가 군주를 간악한 방법으로 꾀어내 권력으로부터 멀어지게 한 다음 자신의 욕심을 채우려고 시도하는 방법 8가지를 8간이라 해서 나열한 것이다. 한비자는 이 글을 통해 군주에게 경계해야 하는 사항들을 제시하면서 이를 막을 방안 또한 내놓는다.

첫째는 군주와 침실을 같이 하는 사람들, 왕비를 비롯한 후궁과 애첩 등을 경계하라는 것이다.

둘째는 군주를 가장 가까운 거리에서 대하는 사람들, 왕을 즐겁게 만드는 배우나 항상 곁에서 모시는 시종들을 경계하라는 말이다.

셋째는 군주의 친족들, 그 중에서도 가까이 지내는 방계의 숙부나 애첩의 아들 등을 경계하라는 것이다.

넷째는 스스로 재앙을 불러들이는 일들로, 향락을 즐기려는 군주의 마음을 이용해 궁궐이나 누대를 화려하게 짓고 애첩이나 기이한 동식물을 치장하는 것을 하지 말라는 것이다.

다섯째는 신하가 다른 마음을 품고 나라의 재물을 뿌려 백성의 환심을 사서 군주와 백성 사이를 이간시키는 것을 경계하라는 것이다.

여섯째는 야심을 품은 신하가 변설가를 통해 군주를 미혹시켜 자신의 목적을 이루려는 것을 경계하라는 것이다.

일곱째, 야심을 품은 신하가 사병을 키워 군주를 위협하는 것을 경계하라는 것이다.

여덟째는 외국 세력을 이용해 군주를 위협하는 신하를 경계하라는 것이다.

이 8가지 사항을 보면 군주뿐만이 아니라 모든 사람들에게도 해당되는 것들임을 알 수 있다. 특히 자신과 가까운 사람들에게 쉽게 넘어가는 것은 누구에게나 일어날 수 있기 때문이다. 더구나 즐기고 놀고 싶은 욕망 또한 인간을 미혹시키기 쉽다. 이런 것들을 경계하지 못하면 본인 자신의 파멸은 물론 가정이나 국가마저 잃어버릴 수 있다. 그런 가까운 예로 친인척 비리 등으로 입방아에 오르내렸던 전직 대통령들을 들 수 있을 것이다.

3 십과(十過, 열 가지의 잘못)

3 십과(十過, 열 가지의 잘못)

'십과'란 군주가 쉽게 저지를 수 있는 열 가지 잘못을 말한다. 사람은 잘못을 저지른다는 것을 알면서도 고치지 않기에 자신을 망친다. 더 큰 문제는 무엇이 잘못인지를 모른다는 것이다. 군주가 이와 같이 잘못을 범하게 되면 자신의 몸만 망치는 것이 아니라 나라까지도 망하는 불행이 닥치므로 경계해야 한다. 현명한 군주가 되기 위해서 역사적 과오를 되밟지 말라는 충고이기도 하다.

군주가 경계해야 할 열 가지 잘못

군주가 경계해야 할 열 가지 잘못이 있다. 첫째, 작은 정성을 행하면 큰 정성을 방해하게 된다. 둘째, 작은 이익에 구애받으면 큰 이익을 잃는다. 셋째, 행동이 편협하고 제후들에게 무례하면 몸을 망치게 된다. 넷째, 정치에 힘쓰지 않고 음악만 좋아하면 궁지에 몰리게 된다. 다섯째, 탐욕스럽고 성질이 괴팍하며 이익만 추구하는 것은 나라를 망치고 목숨을 잃는 근원이 된다. 여섯째, 여자들의 음악과 춤에 빠져서 국정을 돌보지 않으면 망국의 화근이 된다. 일곱째, 도성을 떠나 멀리 유람하고 간언하는 신하를 소홀히 대하면 자신을 위태롭게 하는 길이 된다. 여덟째, 과오가 있으면서 신하의 충고를 듣지 않고 자기 마음대로 독단적인 행동을 하면, 명성을 잃고 남의 비웃음을 사는 시초가 된다. 아홉째, 자국의 역량을 제대로 헤아리지 못하고 제후들에게 의지한다면 나라가 침탈당하는 우환을 겪게 된다. 열째, 나라가 작은데 예의를 갖추지 않고 신하의 간언을 받아들이지 않는다면 대가 끊기는 지경에 이르게 된다.

1. 작은 일에 정성을 다하면 큰 정성을 해친다

춘추 시대 초(楚)나라 공왕(共王)이 진(晉)나라 여공(厲公, 기원전 706~700 재위)과 언릉(지금의 하남성 개모의 남쪽)에서 전쟁을 한 적이 있었다. 초나라의 군대가 대패하고 공왕은 눈에 부상을 입었다. 전투가 한창일 무렵 초나라 장수 사마자반이 목이 말라 마실 것을 찾았다. 마침 그를 수행하던 부하 곡양이 술을 잔에 부어 바쳤다. 사마자반은 술을 마실 수 없다며 물리쳤는데, 곡양은 술이 아니라고 하며 계속 권했다. 원래 사마자반은 애주가라 유혹을 뿌리치지 못하고 계속 술을 마셔 결국 취하고 말았다. 그날 전투는 끝났으나 초나라 공왕은 이튿날 다시 전투를 벌이려고 전령을 보내 사마자반을 불렀다. 그러나 사마자반은 가슴이 아프다는 핑계로 명령을 거부했다. 공왕이 직접 사마자반의 막사로 갔다가 술 냄새를 맡고는 그대로 돌아와서 말했다. "오늘 전투에서 나는 부상을 당해 의지할 자는 사마자반뿐이었다. 그런데 그는 이렇게 취해 있으니, 이는 초나라의 사직(社稷, 나라에서 제사 지내는 토지신과 곡신을 말하는데 나라 또는 조정을 상징)을 버리고 초나라 백성을 불쌍하게 여기지 않는 것이다. 나는 다시 싸울 기력이 없다." 공왕은 군사를 철수시키고 사마자반을 사형에 처해 군중의 본보기로 삼았다. 곡양이 술을 바친 것은 사마자반에게 원한이 있어서 그랬던 것이 아니었다. 사마자반을 정성스럽게 받든다는 곡양의 본심이 도리어 사마자반을 죽게 만들었다. 그러므로 작은 정성을 행하면 큰 정성을 방해하게 된다.

2. 작은 이익에 연연하면 큰 이익을 놓친다

진(晉)나라 헌공(獻公, 기원전 384~362 재위)이 괵(虢, 지금의 하남성 섬현에 있던 작은 나라)을 침공하기 위해 우[虞, 지금의 하남성 평륙현 동북부 지방에 있던 작은 나라]에 길을 빌리려고 했다. 그때 진나라의 헌공을 섬기고 있던 현명한 대부 순식이 말했다. "군주께서 수극 지역에서 채취한 벽옥(璧玉, 둥글 납작하고 한가운데에 구멍이 뚫린 옥)과 굴 지역에서 기른 말 네 필을 우공(虞公)에게 뇌물로 주고 길을 빌려 달라고 하면 반드시 내줄 것입니다." 이에 헌공이 대답했다. "수극의 벽옥은 돌아가신 선친이 아끼던 보배며 굴의 말은 과인의 준마들이다. 만일 우공이 내가 보낸 것만 받고 길을 빌려주지 않는다면 장차 어찌할 것인가?"

순식이 다시 말했다. "저들이 길을 빌려줄 마음이 없다면 선물을 받지 않을 것이고, 만일 선물을 받고 우리에게 길을 빌려준다면 보물은 국내 창고에서 국외의 창고로 잠시 맡겨 두는 셈이고 말 역시 마찬가지니 군주께서는 염려하지 마십시오."

헌공이 순식의 의견을 받아들여 벽옥과 말을 우나라의 우공에게 보내고 길을 빌려달라고 청했다. 우공이 재물을 탐내 허락하려고 하자 현명한 대부 궁지기가 말했다. "진의 요구를 들어줘서는 안 됩니다. 우나라와 괵나라는 서로 떨어질 수 없는 사이로, 이는 마치 수레에 보(輔, 수레 양 옆에 대는 덧방나무)가 있는 것과 같습니다. 덧방나무는 수레에, 수레는 덧방나무에 의존합니다. 우나라와 괵나라의 형세가 바로 이와 같습니다. 만일 길을 빌려주면 괵이 아침에 망하고 우리는 저녁에 망할 것입니다. 허락하지 마십시오." 그러나 우공은 궁지기의 간언을 듣지 않고 끝내 진에게 길을 내주었다. 진나라 순식이 괵나라를 정벌하고 철군한 지 삼 년 만에 다시 우나라를 정벌했다. 순식은 준마를 끌고 벽옥을 손에 들고 군주인 헌공에게 바쳤다. 헌공은 기뻐하며 말했다. "벽옥은 그대로인데 말의 나이는 더 늙었구나." 우공의 군대가 격퇴당하고 영토를 빼앗긴 것은 무엇 때문인가? 작은 이익에 마음이 끌려서 큰 피해를 우려하지 않았기 때문이다. 그러므로 "작은 이익에 구애를 받으면 큰 이익을 잃게 된다."라고 한 것이다.

3. 편협하고 방자하면 스스로를 망친다

초나라 영왕(靈王, 기원전 540~529 재위)이 신(申, 하남성 남양시 북쪽 지역) 땅에서 제후들과 회합을 할 때 송나라의 태자가 늦게 도착한 것을 트집 잡아 그를 감금했다. 또 서(徐)나라의 군주를 업신여기고 제나라의 실권자인 대부 경봉을 붙잡아 두고 돌려보내지 않았다. 초나라 영왕을 곁에서 모시던 시종 초거가 말했다.

"제후들의 회합에는 예가 있어야 합니다. 이번 모임은 국가의 존망이 달려 있는 기회입니다. 옛날 걸(桀, 하나라의 마지막 왕)과 주(紂, 은나라의 마지막 왕)도 제후들과 회합을 할 때 무례하게 행동해 제후들이 등을 돌린 적이 있습니다. 군주께서는 이를 잘 헤아려 보셔야 합니다."

그러나 영왕은 그의 간언을 듣지 않고 자기 뜻대로 행동했다. 일 년이 안 되어 영왕이 남쪽으로 유람을 갔을 때 신하들이 기회를 틈타 무력으로 협박하고 군주 자리에서 물러나게 했다. 결국 영왕은 굶주리다 건계(乾溪, 안휘성 박현 동남쪽 계곡)에서 죽었다. 그러므로 행동이 편협하고 제후들에게 무례하면 몸을 망치게 된다.

▲ 걸왕

하나라의 마지막 왕으로 아첨하는 신하들을 가까이하고 향락에 빠져 백성들을 도탄에 빠뜨린 대표적인 폭군이다.

4. 음악에 심취하면 궁지에 몰리게 된다

옛날 위(衛)나라 영공(靈公, 기원전 534~493 재위)이 진(晉)나라로 가던 중 복수(濮水, 산동성 복현 남쪽으로 흐르는 황하의 지류) 근처에 숙소를 정하고 하룻밤을 묵기로 했다. 그날 밤 어디선가 귀에 익숙하지 않은 음악이 들려오자 영공은 크게 기뻐하며 주변을 살펴보도록 명령했으나 그 음악을 들은 사람은 아무도 없었다. 그래서 악사 사연을 불러 말했다. "색다른 음악이 들려와서 사람을 보내 찾아봤으나 들은 사람이 없다고 하네. 마치 귀신이 만든 곡조와 같군. 그대가 나를 위해 그 곡을 들어 보고 베껴 주게." 사연이 이에 "예."라고 대답했다. 그는 그 자리에서 조용히 앉아 기다렸다가 거문고를 뜯으면서 그 곡조의 악보를 베꼈다. 그다음 날 사연이 말했다. "곡을 다 베끼기는 했으나 아직 익숙하지는 않습니다. 다시 하룻밤을 더 머물며 익숙해지게 해주십시오." 영공은 이를 허락하고 사연이 곡을 완성하게 된 이튿날 진나라로 떠났다.

진나라의 군주인 평공(平公)이 위나라 영공을 위해 주연을 베풀었는데, 영공이 진기한 곡이 있으니 한번 공개하고 싶다고 했다. 영공은 사연을 불러 거문고를 연주하게 했다. 그런데 곡이 다 끝나기도 전에 진나라의 악사 사광이 위나라의 악사 사연의 손을 잡아채면서 말했다. "이것은 망국의 음악입니다. 끝까지 연주해서는 안 됩니다."

평공이 그 출처를 물으니 사광이 대답했다. "이것은 은나라의 악사 사연이 주(紂)를 위해 음란하게 만든 곡입니다. 무왕(武王, 은나라를 멸하고 주나라를 건국한 왕)이 주를 정벌하자 사연은 동쪽으로 달아나 복수에서 자살했습니다. 그러므로 이 곡을 복수 근처에서 들은 것입니다. 남보다 먼저 이 곡을 들은 자는 나라를 잃었다고 하니 연주를 끝까지 해서는 안 됩니다." 그러나 평공은 사광에게 모두 연주하도록 놓아두라고 명했다. 그리하여 청상[淸商, 궁(宮), 상(商), 각(角), 치(徵), 우(羽)의 다섯 음계 중 맑은 상성(商聲)]과 청치[淸徵, 맑은 치성(徵聲)]의 두 슬픈 곡조를 들려주니 평공이 흡족해 했다.

진나라 평공이 더 슬픈 곡조인 청각[淸角, 맑은 각성(角聲)]을 들려주기를 청하자 사광이 말했다. "안 됩니다. 옛날 황제[黃帝, 오제(五帝)의 첫째 임금으로 중국인의 시조로 여겨짐]가 귀신들을 태산 위에 모이게 했답니다. 황제는 상아로 꾸민 수레를 여섯 마리의 교룡(蛟龍, 상상 속의 동물로 뱀처럼 생긴 용)에게 끌게 하고 필방(畢方, 나무의 신)이 바퀴에 붙고 치우(蚩尤, 불의 신)가 앞길을 열고, 풍백(風伯, 바람의 신)은 길을 쓸고 우사(雨師, 비의 신)가 길에 물을 뿌렸습니다. 또 범과 이리가 선두에 달리고 귀신들이 뒤따르고 등사(螣蛇, 신령스러운 뱀의 한 종류)가 땅에 기고 봉황이 하늘을 덮는, 그렇게 성대한 귀신들의 모임에서 청각을 만들었던 것입니다. 지금 군주께서는 덕이 부족하니 들으실 수 없습니다. 만약 들으면 장차 재앙이 닥칠지도 모릅니다." 그러나 평공이 간절하게 원해 할 수 없이 청각을 연주했다. 곡이 울리자 검은 구름이 서북방에서 일어나고, 다시 울리자 광풍이 불고 호우가 쏟아져 장막이 찢어지고 그릇이 깨지며 회랑(回廊, 길게 늘어선 복도)의 기왓장이 날아가 좌중이 놀라 모두 달아났고 평공은 공포에 떨며 회랑 바닥에 엎드렸다. 그런 일이 있은 후 진나라에 큰 가뭄이 들어 농토는 삼 년 동안이나 황무지 상태였고, 평공은 중병에 걸렸다. 그러므로 정치에 힘쓰지 않고 음악만을 좋아해 그칠 줄 모르면 그 자신이 궁지에 몰리게 된다.

5. 탐욕스럽고 괴팍하면 나라를 잃는다

진(晉)나라의 6경 가운데 하나였던 순요(荀瑤)가 또 다른 6경인 조(趙), 한(韓), 위(魏)의 군대를 이끌고 그들과 맞서던 6경인 범씨(范氏)와 중행씨(中行氏)를 쳐서 멸망시켰다. 그리고 귀환해 병사들을 몇 년간 쉬게 한 후 한에 사신을 보내 영토를 요구했다. 한의 강자[康子, 이름은 호(虎)로 진나라를 삼분해 한나라를 세움]가 주지 않으려 했으나 그의 모사인 단규가 말했다. "주지 않을 수 없습니다. 순요는 이익을 좋아하고 오만하고 괴팍한 자입니다. 영토를 요구하는데 주지 않으면 군대를 우리 쪽으로 이동할 것입니다. 군주께서는 그대로 주십시오. 그러면 그가 재미를 붙여 다른 나라에도 영토를 요구할 것입니다.

그중에는 요구를 듣지 않으려는 나라도 있을 것입니다. 그러면 순요는 반드시 출병을 할 것이고 그렇게 되면 우리는 재난을 면하고 정세의 추이를 지켜보면서 대처하면 됩니다." 한강자가 간언을 받아들여 1만 호의 읍 하나를 바쳤다.

순요는 기뻐하며 다시 위나라에 사신을 보내 영토를 바치라고 요구했다. 위의 환자[桓子, 이름은 구(駒)로 진나라를 삼분해 위나라를 세움]가 영토를 주지 않으려 하자 그의 모사인 조가가 말했다. "그가 한나라의 영토를 요구했을 때 한나라는 내주었습니다. 이제 우리에게 영토를 요구하고 있습니다. 우리가 영토를 내주지 않는다면 안으로 강한 척하면서 밖으로 순요의 노여움만 사게 됩니다. 만약 영토를 내주지 않는다면 순요가 군대를 출병할 것이 분명하니 주는 것만 못합니다." 위환자가 이에 1만 호의 읍 하나를 바쳤다.

순요가 또 사신을 조나라에 보내 택고랑(宅皐狼, 산서성 이석현) 지역의 땅을 요구했다. 그러나 조나라의 양자[襄子, 이름은 무휼(毋恤)로 진나라를 삼분해 조나라를 세움]는 땅을 내주지 않았다. 그러자 순요는 한나라와 위나라와 각각 밀약을 맺고 조나라를 정벌하려 했다. 조양자가 가신 장맹담을 불러 물었다. "순요는 그 사람됨이 겉으로는 친한 척하면서 속으로는 음흉한 자다. 한과 위에는 세 번이나 사신을 보내면서 나에게는 의논이 없었다. 우리를 공격하려는 것이 확실한 모양인데 이제 내가 어디에 근거지를 두면 좋겠느냐?" 장백담이 대답했다. "동연우는 선친인 간공(簡公)의 재주 있는 신하로서 진양(晉陽, 산서성 태원시) 지역을 통치했고 지금은 윤탁이 계승하여 끼친 교화가 아직 남아 있습니다. 군주께서 정하실 근거지는 진양뿐입니다." 조양자는 가신 연릉생에게 먼저 군대를 통솔해 진양으로 향하게 하고 그 뒤를 따랐다.

조양자가 진양에 도착해 성곽과 관아의 창고를 점검해 보니 성곽은 허술하고 재정과 무기고는 텅 비어 있으며 방어 시설도 없었다. 조양자는 두려워 곧바로 장맹담을 불러 물었다. "과인이 성곽과 관아를 둘러보니 준비가 안 되어 있다. 장차 어떻게 적과 대항하겠는가?" 장맹담이 대답했다. "신이 듣기로는 성인의 다스림이란 민간에 비축하지 관아에 비축하지 않으며, 교화에 힘쓰지만 성곽 수리는 하지 않는다고 합니다. 군주께서 명을 내리시어 백성들로 하여금 스스로 삼년 먹을 식량과 재산을 남겨 놓고 나머지를 관아로 보내라 하고, 남는 인력이 있으면 성곽을 수리하도록 시키십시오." 조양자가 저녁에 명령을 내렸더니 이튿날 창고에 식량과 재물이 넘쳐 났으며 갑옷과 무기는 더 이상 받아 넣을 수 없을 정도가 되었다. 닷새 뒤에는 성곽 수리가 끝나고 방어 시설도 완비되었다.

조양자가 장맹담을 불러서 물었다. "우리는 성곽 수리도 끝나고 방어 시설도 갖추었으며 식량과 재정도 넉넉하다. 그런데 우리에게 화살이 없으니 어쩌면 좋은가?" 장맹담이 대답했다. "제가 듣기로는 동연우가 진양을 다스릴 때 관아의 담을 모두 갈대쑥과 가시나무로 만들어 그 높이가 한 길이나 되었다고 합니다. 그것을 뽑아 쓰면 됩니다." 그래서 그것을 뽑아 시험해 보니 화살대로 쓰이는 대나무도 미칠 수 없을 만큼 단단했다. 조양자가 또 물었다. "화살대는 이것으로 충분하지만 화살촉은 어떻게 마련할 것인가?" 장맹담이 다시 대답했다. "제가 듣기로는 동연우가 진양을 다스릴 때 관아의 기둥을 세울 때 주춧돌을 모두 제련한 동(銅)으로 만들었다고 합니다." 그의 간언대로 그것을 캐내어 화살촉을 만들고도 동이 남았다.

전쟁 준비를 마쳤을 때 과연 삼국의 군대가 공격했으나 석 달이 지나도록 함락시킬 수 없었다. 그래서 진영을 펼쳐서 포위하고 강물을 성안으로 몰아넣었으나 뜻을 이루지 못하고 삼 년이나 지났다. 그동안 성안 사람들은 물을 피해 거처를 새둥지처럼 나무 위에 짓고 살았으며 솥도 공중에 매달아 취사를 했으며 식량과 물자가 떨어지고 관리들과 병사들도 병들어 갔다. 조양자가 장맹담에게 물었다. "식량과 물자가 떨어지고 병사들도 지쳐 가니 더 이상 버틸 수 없을 것 같소. 성문을 열어 투항하려 하는데 어느 나라에 항복하는 것이 좋겠는가?" 장맹담이 대답했다. "제가 듣기에 망할 나라를 지켜 내지 못하거나 위기에서 벗어나지 못한다면 지혜로운 자를 귀하게 여길 필요가 없다고 합니다. 군주의 이 계책은 잘못된 것입니다. 청컨대 제가 몰래 빠져나가 한나라와 위나라의 군주를 만나 보겠습니다."

장맹담이 한나라와 위나라의 군주를 만나서 말했다. "저는 순망치한(脣亡齒寒, 입술이 없으면 이가 시리다는 뜻으로 이웃이 망하면 그 이웃도 망한다는 의미)이라는 말을 들었습니다. 지금 순요가 두 군주를 이끌고 우리를 쳐서 망하게 하려고 합니다. 우리가 망하면 두 군주가 다음 차례가 될 것입니다." 한과 위의 군주가 물었다. "우리도 그렇게 될 것을 알고 있소. 그러나 순요의 사람됨이 거칠고 인정이 없으니 우리가 모의를 했다가 발각되면 반드시 화가 미칠 것이오. 그러니 이 일을 어쩌겠소?" 장맹담이 대답했다. "오늘 이 모의는 오직 우리만 알고 있을 뿐입니다." 이 말에 두 군주는 장맹담과 삼국의 군대가 순요에게 대항할 것을 약속하고 이 사실을 조양자에게 알렸다.

그런데 순요의 일족인 지과가 두 군주의 행동거지가 평소와 다름을 이상하게 여겨 순요에게 보고했으나 귀담아 듣지 않았다. 지과는 다시 말했다. "그들을 반드시 죽여야 합니다. 그렇지 않으면 그들의 모사인 조가와 단규에게 1만 호의 영토를 나누어 줄 것을 약속하십시오. 그러면 그들은 그 군주의 마음을 되돌려 놓을 것입니다." 순요가 대답했다. "조나라를 정벌해 영토를 셋으로 나누고 또 그 두 사람에게 1만 호의 식읍을 주면 나의 몫이 적어질 것이다. 그렇게 할 수는 없다." 지과는 자신의 간언이 받아들여지지 않자 도망쳐 나와 후환을 피하기 위해 성을 보(輔)씨로 바꿨다. 한편 약속한 날 밤이 되자 조양자는 성에서 나와 강둑을 지키는 자를 죽이고 강물을 터서 순요의 군대 쪽으로 쏟아지게 했다. 순요의 군대가 혼란 속에 빠져 있을 때 한과 위의 군대가 협공을 하고 조양자는 정면으로 공격해 순요를 생포했다. 결국 순요는 자신을 죽음에 이르게 하고 군대도 잃고 그의 영토는 삼분되어 천하의 웃음거리가 되었다. 그러므로 탐욕스럽고 괴팍해 이익만 추구하면 나라를 망치고 목숨을 잃는 근원이 된다.

6. 무희와 음악에 빠지면 망국의 화근이 된다

서융(西戎, 중국 서쪽의 민족)의 군주가 유여를 진(秦)나라에 사신으로 보낸 일이 있었다. 그때 진의 목공(穆公, ?~기원전 621 재위)이 유여에게 말했다. "내가 성현의 도리를 들었지만 아직 실제로 그 도리라는 것이 무엇인지 보지 못했소. 옛날 현명한 군주가 무엇으로써 나라를 얻고 또 어떻게 하여 나라를 잃게 되었는지 알고 싶소."

유여가 말했다. "제가 일찍이 얻어 들은 바로는 항상 검소하면 나라를 얻게 되고 사치하면 나라를 잃는다고 했습니다." 이에 목공이 다소 역정을 내면서 물었다. "내가 체면을 가리지 않고 질문했는데 단지 검소란 말로써 답하다니, 그런 말이면 새삼스럽게 들을 필요도 없지 않소?" 유여가 대답했다. "제가 일찍이 듣건대 옛날 요(堯)가 천하를 다스릴 때 토기에 밥과 물을 마시면서도 영토가 남으로는 교지

◀ 요
중국 고대의 이상적인 성군으로 불리며, 자연재해
를 극복해 생산을 늘리고 제도를 정비하고 도덕성
으로 나라를 다스렸다.

▶ 순
이름난 효자로 요에게 발탁되어 천하를 다스렸다.
요와 함께 고대의 태평성대를 이끈 성군으로 칭송
된다.

◀ 우
순에게 발탁되어 홍수를 막고 훗날 중국 최초의 국
가인 하나라를 세운다.

[交趾, 월남(越南)의 북부, 남쪽 끝 지역]에 이르고 북쪽으로는 유도[幽都, 하북성(河北省) 북부와 요녕성(遼寧省) 일대]에 이르며 동서 양쪽으로 해와 달이 뜨고 지는 곳까지 미쳤는데, 복종하지 않은 자가 없었다고 합니다. 요가 천하를 선양(禪讓, 스스로 왕위를 물려줌)해 순(舜)이 이것을 물려받자 식기를 새롭게 만들기 위해 목기에 옻칠을 해 궁중의 식기로 사용했습니다. 순이 요에 비해 사치스럽다고 하여 복종하지 않은 제후가 열 셋이나 되었다고 합니다. 순이 우(禹)에게 선양하자 새로운 제기를 만들어 겉은 옻칠을 하고 안은 붉은 색으로 무늬를 넣고, 비단으로 침구를 만들었습니다.

또한 방석 가장자리에 천을 대고 술잔에 무늬를 넣었으며 주전자와 상에 장식을 했습니다. 이렇듯 더욱 사치스러워져서 복종하지 않은 제후가 서른 셋이나 되었습니다. 하나라가 망하고 은나라가 그 뒤를 계승했는데, 큰 수레를 만들어 아홉 개의 정기(旌旗, 깃대 끝에 술이 달린 깃발)를 세우고 식기에 조각을 새기고 사방 담장에 백회(白灰, 흰 흙)를 바른 지대(址臺, 건축물을 세우기 위하여 터를 잡고 돌로 쌓은 부분)를 쌓고 침구에 화려한 무늬를 넣었습니다. 이렇듯 사치가 더욱 심해지자 복종하지 않은 제후가 쉰 셋이나 되었습니다. 귀족들이 치장하는 것만 알았으니 복종하려는 자의 수는 점차 줄어들었던 것입니다. 그래서 검소가 곧 나라를 얻는 도리라고 말씀드린 것입니다."

유여가 물러가자 진 목공이 내사[內史, 군주의 책명(策命)을 담당하는 관직]인 요(繇)를 불러서 물었다. "내가 알기로는 이웃 나라에 지혜로운 자가 있으면 상대 나라의 근심거리가 된다고 한다. 유여는 총명한 자다. 이 일이 염려되는데 장차 어쩌면 좋겠는가?" 요가 대답했다. "서융은 변방입니다. 그래서 아직까지 중원의 음악을 들은 적이 없다고 합니다. 그러므로 군주께서 서융의 군주에게 여자 악사를 보내어 국정을 문란케 하고, 동시에 이곳에 유여를 더 머물도록 하여 그가 서융의 군주에게 간언하지 못하게 하십시오. 그러면 군신 간에 틈이 생길 것이니 그런 후에 계책을 세우시면 됩니다."

목공이 그의 간언을 받아들여 무희 열 여섯 명을 서융으로 보내고 유여가 돌아가야 할 기일을 늦추도록 요청했다. 서융의 군주는 이를 허락했고 진 목공이 보낸 무희들을 보자 크게 기뻐하여 매일같이 주연을 베풀고 음악을 들었다. 그러다 그만 목초를 찾아 이주할 시기를 놓쳐 소와 말을 절반이나 죽이고 말았다. 유여가 서융으로 돌아와서 군주에게 간언했지만 듣지 않자 다시 서융을 떠나 진나라로 갔다. 진의 목공은 유여를 극진히 맞이해 상경(上卿, 재상에 해당하는 벼슬)의 관직을 주고 서융의 병력과 지형을 물어 그 정세를 파악하자 군사를 일으켜 열두 부락을 점령하고 천리에 해당하는 영토를 확장했다. 그러므로 여자들의 음악과 춤에 빠져서 국정을 돌보지 않으면 망국의 화근이 된다.

7. 도성을 떠나 멀리 유람하면 위태롭다

제(齊)나라 간공의 권신인 전상(田常)이 바닷가로 유람을 나가 즐거웠는지라 여러 대부에게 명을 내렸다. "만약 돌아가자고 말하는 자가 있으면 죽이겠다." 대부 안탁취가 말했다. "군주께서 바닷가를 유람하며 즐거워하시지만 만일 정권 탈취를 도모하려는 자가 있으면 어찌합니까? 지금은 비록 즐거울지라도 만약 지위를 빼앗기고 나서도 그 일이 가능하겠습니까?" 전상이 화를 내며 "내가 돌아가자고 말하는 자가 있으면 죽이겠다고 명령을 내렸는데 지금 그대가 나의 명령을 어긴 것이다."라고 말하며 창을 집어 그를 찌르려 했다.

안탁취가 다시 말했다. "옛날 하나라의 폭군 걸(桀)은 관용봉이라는 신하를 죽이고 은나라의 폭군 주(紂)는 비간을 죽였습니다. 지금 군주께서 비록 저를 죽여 세 번째 일로 삼으셔도 좋습니다. 저의 간언은 나라를 위한 것이지 제 자신을 위한 것이 아닙니다."라고 하며 목을 길게 빼고 앞으로 나서며 "저를 치십시오."라고 했다. 전상이 즉시 창을 버리고 급히 마차를 준비해서 돌아왔다. 그로부터 사흘이 지난 뒤에 도성 안에서 누군가가 자신을 들어오지 못하게 하려는 모의가 있었음을 알게 되었다. 전상이 제나라를 차지할 수 있었던 것은 안탁취의 힘이었다. 그러므로 도성을 떠나 멀리 유람하고 간언하는 신하를 소홀히 대하면 자신을 위태롭게 하는 길이 된다.

8. 신하의 충고를 듣지 않으면 비웃음을 받는다

옛날 제나라의 환공이 많은 제후들을 규합해 천하를 바로잡고 오패(五覇, 춘추 시대 패권을 차지한 다섯 명의 제후)의 첫 번째 우두머리가 되었는데 관중이 그를 보좌했다.

관중이 늙어 정사를 볼 수 없게 되자 집에 물러나 쉬게 되었다. 하루는 환공이 그를 찾아가서 말했다. "연로하시어 병환에서 일어나지 못하신다면 장차 누구와 정치를 의논하는 것이 좋겠습니까?"

관중이 대답했다. "소신은 이미 늙어서 저에게 물어볼 것이 못됩니다. 다만 신이 듣기에 신하를 잘 아는 데 그 군주만한 사람이 없으며 자식에 대해 잘 아는 것은 그 아비만한 자가 없다고 하니 군주께서 의중에 두었던 바를 먼저 말씀해 보십시오." 환공이 포숙아가 어떠하냐고 물으니 관중이 대답했다. "불가합니다. 포숙아는 고집스럽고 괴팍하고 난폭함을 좋아합니다. 고집스러우면 백성을 거칠게 대할 것이고 괴팍하면 백성의 신뢰를 얻지 못하며 난폭하면 아랫사람을 등용하기 힘들 것입니다. 또한 마음에 두려움이 없어서 패자를 보좌할 수 없습니다."

환공이 그렇다면 수조라는 자는 어떠하냐고 물으니 관중이 대답했다. "안 됩니다. 사람으로서 그 자신을 소중히 아끼지 않는 자가 없는데 수조는 군주께서 질투가 심하고 여색을 즐기신다 하여 자기

◀ 관중
춘추 시대 제나라의 재상으로 환공이
패자가 되는 데 큰 공헌을 했다. 또한
백성들의 생활을 안정시키고 경제 정
책에 힘썼다.

▶ 제(齊)나라의 환공
성은 강(姜), 이름은 소백(小白)이다. 춘
추 오패 가운데 한 사람으로 포숙아의
도움으로 제나라의 제후가 된다. 관중
을 등용해 부국강병에 힘썼다.

◀ 포숙아
공자 소백의 스승으로, 공자 소백을 왕
위(환공)에 오르게 한다. 제나라 재상인
관중과는 오랜 친구 사이다.

스스로 거세를 하면서까지 후궁을 관리했습니다. 자신의 몸을 소중히 아끼지 않으면서 어찌 군주를 아낄 수 있겠습니까?"

환공이 또 위(衛)나라 공자 개방(開方)이라는 자에 대해 물으니 관중이 대답했다. "안 됩니다. 위나라는 제나라에서 불과 열흘밖에 안 걸리는 거리에 있습니다. 그런데도 개방은 군주의 뜻에 따르며 맞추느라 15년 동안이나 부모를 만나러 가지 않았습니다. 이는 인정에 어긋나는 일입니다. 자기 부모를 모시지 못하는 자가 어찌 군주를 모시겠습니까?"

그러자 환공이 역아라는 자에 대해 물으니 관중이 대답했다. "안 됩니다. 역아는 궁중의 요리사로서 군주께서 아직 맛보시지 못한 요리가 사람 고기라는 것을 알고서 제 맏자식을 삶아 바쳤습니다. 사람으로서 제 자식을 사랑하지 않을 수 없습니다. 그런데 제 자식을 삶아 군주에게 바쳤으니 자기 자식을 사랑하지 못하는 자가 어찌 군주를 사랑할 수 있겠습니까?"

환공이 그러면 누가 좋겠냐고 물으니 관중이 대답했다. "습붕이 괜찮습니다. 그는 마음이 견실하고 예의 바르며 욕심이 적고 신의가 두텁습니다. 마음이 견실하면 모범으로 삼기에 충분하고 예의 바르면 중책을 맡길 수 있습니다. 또한 욕심이 적으면 백성을 잘 다스리고 신의가 두터우면 다른 나라들과 선린 관계를 유지할 수 있습니다. 이는 패왕을 훌륭하게 보좌할 수 있는 것이니 그를 등용하십시오."

환공은 관중의 의견에 동의했고 얼마 후에 관중이 죽었다. 그러나 환공은 습붕을 등용하지 않고 수조에게 정사를 맡겼다. 수조가 정사를 맡은 지 삼 년쯤 지났을 때 환공이 남쪽 경계인 당부(堂阜, 산동성 몽음현의 서북 지역) 땅으로 유람을 떠났는데, 수조가 그 틈을 타서 역아와 개방 및 대신들을 이끌고 반란을 일으켰다. 환공은 급히 돌아왔으나 결국 남문 별궁에 갇혀 굶주려 죽었다. 시신을 석 달 동안 거두지 않아 구더기가 문밖으로 기어 나올 정도였다. 환공의 군대는 천하를 주름잡고 자신은 패왕이 되었으나 끝내 신하에게 살해를 당하고 높은 명성까지 잃어 천하의 웃음거리가 되었다. 이는 어째서인가? 관중의 간언을 듣지 않은 잘못 때문이다. 그러므로 과실이 있으면서 신하의 충고를 듣지 않고 독단으로 행동하면 명성은 사라지고 남의 비웃음을 사는 시초가 된다.

9. 자국의 역량을 헤아리지 않으면 영토를 잃는다

진(秦)나라가 한(韓)나라 지역인 의양(宜陽, 하북성 의양현)을 공격했을 때 한나라는 매우 위급한 상황이었다. 한나라의 재상인 공중붕이 군주에게 간언했다. "동맹 국가라 해서 믿을 수 있는 것은 아닙니다. 그러니 장의(張儀)의 주장에 따라 진나라와 화친을 하는 것이 좋을 듯합니다. 그러기 위해서 큰 성을 뇌물로 주고 남쪽으로 함께 초나라를 공격하십시오. 그러면 진나라에 대한 근심에서 벗어나고 진나라에 의해 입게 될 피해는 초나라로 옮겨질 것입니다." 한나라의 군주는 공중붕에게 여행 채비를 갖추게 하고 진나라와 화친을 준비했다.

초나라의 회왕(懷王)은 이 소식을 듣고 놀라 유세객인 진진을 불러서 말했다. "지금 한나라가 공중붕을 내세워 진나라와 화친을 시도하고 있다. 우리는 어찌 대치해야 하는가?" 진진이 이에 대답했다. "진나라는 한나라의 큰 성 하나를 얻고 한나라의 군대와 연합해 단련된 군사를 몰고 남쪽의 초나라로 향해 올 것입니다. 이는 진나라 군주가 종묘에 기원했던 것입니다. 군주께서는 서둘러 한나라에 사신을 보내 예물을 바치고 이런 말을 전하십시오. '초나라가 비록 소국이지만 이미 한나라를 도우려고 군사를 일으켰소. 그러니 귀국은 진나라를 상대로 소신껏 하시오. 또한 귀국의 사신을 우리 국경에 들여보내 우리가 군사를 일으킨 것을 확인하길 바라오.'"

한나라의 군주는 초나라의 실정을 파악하기 위해 사신을 보냈다. 초나라의 회왕은 수레와 기병을 동원해 북쪽으로 통하는 길목에 진영을 만들고 한나라의 사신에게 말했다. "우리 군대가 지금 막 국경으로 들어가려 한다고 한의 군주에게 보고하시오." 사신이 돌아와 한나라의 군주에게 보고하니 크게 기뻐하며 공중붕이 진나라로 가는 것을 중지시켰다. 공중붕이 한나라의 군주에게 간언했다. "안 됩니다. 진나라는 실력으로 우리에게 해를 끼치고 초나라는 빈말로 우리를 구하는 것입니다. 초나라의 빈말만 믿고 진나라로부터 닥칠 화를 가볍게 보는 것은 나라를 위태롭게 하는 근본입니다." 그러나 한나라의 군주는 듣지 않았고 공중붕은 노해서 열흘 동안이나 조정에 나오지 않았다. 그러는 동안 의양의 상황은 더욱 위급해졌다. 한나라 군주가 초나라로 계속하여 사신을 보내 원군을 요청했으나 끝내 원군은 오지 않았다. 마침내 의양은 함락되고 한나라의 군주는 천하의 웃음거리가 되었다. 그러므로 자국의 역량을 제대로 헤아리지 못하고 제후들에게 의지한다면 나라가 침탈당하는 우환을 겪게 된다.

10. 나라가 작은데도 예의를 갖추지 않으면 대가 끊어진다

진(晉)나라 헌공(獻公)의 아들 중이(重耳)가, 헌공의 애첩인 여희의 참언으로 망명길에 올랐다. 그러던 중에 조(曹)나라에 들른 적이 있다. 그런데 조나라의 군주인 공공(共公)이 중이의 늑골이 하나로 되어 있다는 소문을 확인하기 위해 그의 웃옷을 벗겨 검사했다. 마침 대부 이부기와 숙첨이 앞에 서 있었다. 숙첨이 공공에게 간언했다. "제가 진나라의 공자를 관찰해 보니 비범한 사람입니다. 그런데 군주께서 무례를 범하셨으니 만일 그가 자기 나라로 돌아가 군사라도 일으킨다면 우리도 해를 입지 않을 수 없습니다. 그러니 군주께서는 그를 죽여 후환이 없도록 하십시오."

그러나 조나라의 군주는 그의 간언을 받아들이지 않았다. 이부기도 집에 돌아와 걱정하는 기색이기에 그의 처가 무슨 일이냐고 물으니 이에 대답했다. "듣자하니 군주의 복은 신하에게 오지 않으나 군주의 화는 신하에게 미친다고 했소. 오늘 우리 군주가 진나라의 공자에게 무례하게 대했는데, 나도 그 앞에 있었소. 그래서 편치 않구려." 이부기의 처가 말했다. "내가 그 공자를 보니 대국의 군주가 될 관상이며 그 측근들도 모두 재상감이오. 지금은 궁지에 몰려 여기에 온 것인데 우리 군주가 무례를 저질렀소. 만일 그가 귀국한다면 무례한 나라를 치려고 할 것이오. 그렇다면 제일 먼저 우리 군주의 목을 벨 것이오. 왜 빨리 가서 당신은 우리 군주의 태도와 다르다는 것을 보이려 들지 않는 것이오?" 이부기는 처의 말을 듣고 곧바로 항아리 안에 황금을 넣고 그 위에 음식을 채운 다음 벽옥을 올려서 밤중에 사람을 시켜 중이에게 보냈다. 중이는 두 번 예의를 갖추어 음식은 받았으나 벽옥은 정중히 사양했다.

그 뒤 중이는 초(楚)나라를 거쳐 진(秦)나라로 들어갔다. 삼 년이 지나서 어느 날 진(秦)나라의 목공(穆公)이 신하들을 불러서 물었다. "지난날 진(晉)나라 헌공(獻公)과의 친교를 제후들 가운데 모르는 사람이 없소. 그런데 헌공이 죽은 지 십 년이나 지났으나 뒤를 이은 태자가 변변치 못하오. 나는 진나라의 종묘와 사직이 온전하지 못할까 염려되오. 이는 도리에 어긋나는 일이니 중이를 도와 군주로 세우고자 하

▲ 진(秦)나라의 목공

덕공(德公)의 셋째 아들로 진나라 제9대 군
주다. 춘추 오패(춘추 시대 패자 중 대표적인 5명
의 인물)의 한 사람으로 백리해, 건숙 등 유
능한 신하를 발탁해 국정을 정비하고 진나
라의 영토를 크게 확장했다.

▲ 진(晉)나라의 문공

진나라의 제후로 춘추 오패의 한 사람이다.
아버지 헌공이 태자 신생을 죽이고, 여희
의 소생인 해제를 후계자로 삼으려 하자 도
망가 국외에서 19년을 지냈다. 진(秦)나라
목공의 원조로 진나라로 돌아와 62세에 즉
위했다.

는데 그대들의 의견은 어떻소?" 이 말에 신하들은 모두 찬성했고 목공은 군사를 일으켰다. 목공은 전차 오백 승과 기마 이천, 보병 오만으로 중이를 도와 진(晉)나라를 치게 하여 군주로 세워 주었다. 그가 바로 문공(文公)이다.

문공이 즉위한 지 삼 년이 지나 조나라를 공격했다. 그리고 조나라 공공에게 사람을 보내어 숙첨을 결박하여 보낼 것을 요구했다. 한편 이부기에게도 사람을 보내어 말을 전했다. "지금 나의 군대가 성에 다가가고 있소. 그대가 나를 외면하지 않은 일을 기억하고 있소. 그대가 사는 마을 앞에 표시를 해 두오. 그러면 나의 군사가 그대가 사는 곳을 침범하지 않을 것이오." 조나라 백성들은 이 사실을 전해 듣고 친척들을 이끌고 와 이부기의 마을에서 보호를 받은 자가 칠 백여 가구나 되었다. 이는 바로 예의를 갖춘 효용이다. 조나라는 진나라와 초나라 사이에 끼여 있는 소국으로, 그 위태함이 누란지세(累卵之勢, 계란을 쌓아 올린 것처럼 위험한 상태)였는데도 무례를 범했기 때문에 멸망한 것이다. 그러므로 나라가 작은데 예의를 갖추지 않고 신하의 간언을 받아들이지 않는다면 대가 끊기는 지경에 이르게 된다.

✝ 한비자는 군주가 범하기 쉬운 열 가지 잘못인 '십과'를 하나하나 예를 들어 자세하게 설명하고 있다. 이 열 가지를 잘 살펴보면 흔히 우리 일반인도 범하기 쉬운 것임을 알 수 있다. 말하자면 사람이라면 누구나 범하기 쉬운 오류인 셈이다. 그래서 그는 역사 속의 이야기를 끌어와 군주에게 귀감으로

삼을 것을 권고한 것이다.

사람이면 누구나 순간적인 실수로 잘못을 범할 수 있다. 하지만 문제는 잘못을 바로 고칠 수 있느냐 그렇지 않느냐에 있다. 오래된 습관처럼 배어 있는 것이 아니라면 대개의 경우 바로 고칠 수 있다. 다만 우리가 진실로 두려워해야 하는 점은 그것이 잘못인지 아닌지조차 모르는 경우다. 이렇게 되면 실수나 잘못에 대한 반성조차 하지 않기 때문이다.

이 점은 한낱 개인으로서도 주의하고 경계해야 할 문제인데, 나라의 중심인 군주는 말할 나위가 없는 것이다. 자신의 몸을 망치는 데에 그치지 않고 결국에는 나라를 존망의 위기로까지 몰아갈 수 있기 때문이다. 이런 까닭에 군주는 항상 간언하는 신하의 말에 귀 기울여야 하는 것이다.

군주의 그릇이 작아 여색이나 작은 욕심을 부리는 일은 역사에서도 수없이 많다. 하지만 이런 잘못을 뒤돌아보고 고칠 수 있을 정도라면 나라를 보전하는 데에는 큰 문제가 없다. 역사가 경계하고 한비자가 강조하고자 한 것도 바로 이 점이다. 실수를 인정하고 고칠 수 있는 도량이야말로 군주가 지녀야 하는 가장 중요한 덕목인 셈이다. 그런 점에서 '십과'는 군주가 범할 수 있는 잘못을 지적한 것이 아니라 그 잘못을 깨닫고 그것을 거울삼아 같은 오류를 반복하지 말라는 경고의 글이라 하겠다.

4 고분(孤憤, 홀로 분통을 터뜨리다)

4 고분(孤憤, 홀로 분통을 터뜨리다)

'고분'이란 혼자 울분을 터뜨리는 것이다. 자신의 주장을 알아주는 자가 없어 홀로 울분에 가득 찬 마음을 참지 못하고 터뜨린다는 뜻이다. 통치술에 정통한 인재는 먼 미래를 예측하고 법도에 능통한 인재는 강직하다. 이들이 군주의 신임을 얻어 등용된다면 나라의 질서가 바로잡힐 것이다. 그러나 한비자 스스로도 그러했지만 군주의 이목을 가리는 측근이나 권력을 장악한 중신들의 전횡(권세를 혼자 쥐고 제 마음대로 함)으로 진정한 인재[법술지사(法術之士)]가 인정받지 못하는 당시의 정치 상황에 강한 분노를 느꼈기 때문에 이에 대한 자신의 감정을 토로한 것이다. 한비자의 글 가운데 솔직 담백한 감정이 실려서 읽는 이에게 감동을 주는 글로 유명하다.

통치술에 능통한 인재에게 정치를 맡겨라

'술(術, 군주가 나라를 다스리는 방책이나 재주를 통칭)'을 아는 사람은 앞을 멀리 내다보며 모든 일을 명확하게 꿰뚫는다. 명확하게 꿰뚫지 않으면 남의 사사로운 욕심을 알아내지 못한다. '법(法, 나라를 다스리는 제도나 형벌 등의 통칭)'에 능통한 사람은 의지가 굳세고 일을 엄격하게 처리한다. 그렇지 않고서는 간악한 것을 바로잡을 수 없다. 신하들 가운데 오직 군주의 명령에 따라서 일을 하고 법에 의거해서만 직무를 수

행하면 중신(重臣)이라 할 수 없다. 중신은 군주의 명령이 없어도 자기 맘대로 행동하며 법에 아랑곳하지 않고 사사롭게 이익을 취하며 자기 집안을 위해 나라의 재물을 빼내고자 힘으로 군주를 원하는 대로 움직이는 자다.

'술'을 아는 사람은 명확하게 꿰뚫어 보기 때문에 군주의 신임을 얻어 등용되면 이런 중신의 속사정까지 파헤칠 수 있다. '법'에 능통한 사람은 일을 엄격하게 처리하므로 군주의 신임을 얻어 등용되면 중신의 간악한 행동을 바로잡을 수 있다. 즉 '술'을 알고 '법'에 능통한 사람이 등용되면 중신은 추방되고 말 것이다. 그래서 그들이 결코 중신과 양립할 수 없는 원수 관계라고 하는 것이다.

한 사람의 중신이 정치의 중추부를 잡게 되면 나라 안팎의 모든 사람들이 그를 위해서 움직이게 될 것이다. 그러므로 제후들도 그를 의지하지 않고서는 교섭이 잘 되지 않으므로 칭송하게 된다. 나라 안의 모든 벼슬아치들은 중신에게 매달리지 않으면 출세할 수 없어 그의 앞잡이가 된다. 군주의 측근 시종들은 중신의 미움을 받게 되면 군주 옆에 접근할 수 없으므로 그들의 악행을 덮어 준다. 학자들은 그들이 이끌어 주지 않으면 봉록이 적어지고 예우가 나빠지므로 그들을 위해 유리한 말만 늘어놓는다. 이 네 가지 도움이 중신 스스로를 속이고 은폐하는 수단이다. 이런 중신이 군주에게 충성을 바치기 위해 자신의 적을 추천할 리가 없고, 군주 또한 벽에 가로막혀 있어 중신의 정체를 알아낼 수가 없다. 이리하여 군주의 눈이 가려지고 중신의 권세는 더욱 강해지는 것이다.

중신 가운데 군주의 신임을 받지 않은 사람은 별로 없다. 또 중신은 오랫동안 군주를 섬겨 익숙하고 친숙한 사이다. 군주의 비위를 맞추는 것은 그들이 출세하는 수단이다. 지위는 높고 패거리가 많으므로 나라 전체가 그를 칭송하게 되는 것이다. 그런데 '법술(法術)'로 군주의 인정을 받으려는 사람은 중신들이 이미 가지고 있는 군주의 총애와 신임, 그리고 끊임없는 접촉과 같은 유리한 조건들은 하나도 가지고 있지 않다. 게다가 법과 술의 예를 들어 군주의 치우치고 잘못된 마음을 바로잡으려고 해서 군주의 비위를 거스르게 된다. 그의 처지와 형세는 불리하고 그를 도와줄 사람은 아무도 없는 고독한 신세다.

첫째, 군주와 소원한 처지에서 군주의 측근에서 총애와 신임을 받고 있는 중신과 싸운다는 것은 전혀 승산이 없는 일이다. 둘째, 벼슬한 지 얼마 안 된 처지로 군주와 친숙한 자와 겨루는 일 또한 전혀 승산이 없다. 셋째, 군주의 비위를 거슬러 가면서 군주의 비위를 잘 맞추는 자와 대항하는 일 역시 아무런 승산이 없다. 넷째, 낮은 지위에 있으면서 높은 지위의 사람과 대적하는 일 또한 승산이 없다. 다섯째, 오직 혼자만의 입으로 온 나라가 칭송하는 자와 겨룬다면 숫자상으로도 이길 승산이 없다. 법술을 지닌 사람은 이런 이길 수 없는 다섯 가지 불리함 때문에 여러 해를 거듭한다 해도 여전히 군주를 만나보기조차 힘들다. 반면에 정치의 중추부를 장악한 사람들은 다섯 가지 이길 조건을 발판으로 삼아 아침저녁으로 군주 앞에서 혼자만의 의견을 말한다.

한편 패거리를 만들어 군주의 눈을 가리고 법에 어긋난 말을 하여 사사롭게 편의를 도모하는 자는 반드시 중신의 신임을 받게 된다. 그래서 그들 중에서 공적이 있다는 구실만 만들 수 있다면 관직이나 작위를 높여 주고, 이런 구실이 없는 자라면 다른 제후들의 권력을 빌려서라도 그 지위를 높여 준다. 지금 군주는 확실한 증거를 살펴보지도 않고 형벌을 행하며 실질적인 공적을 조사하지도 않고 관직을 준다. 이러니 어찌 법술에 능통한 인재가 죽음을 무릅쓰고 군주에게 간언할 수 있으며, 또 간신들은 사리사욕을 버리고 그 지위에서 물러나겠는가? 그들은 더욱 탐욕스러워질 뿐이다.

월(越)나라가 부유하고 군대가 강해도 중원에서 멀리 떨어져 있어 여러 군주들은 월나라를 취한다 해도 별 이득이 없다는 것을 잘 알고 있다. 그래서 말하기를 '우리가 통제할 수 있는 나라가 아니다.'라고 한다. 가령 어떤 나라가 비록 영토가 넓고 백성도 많지만 군주의 이목이 가려지고 중신의 전횡(專橫)이 심하다면 거리가 먼 월나라와 마찬가지일 것이다. 월나라가 자기 나라와 같지 않다는 것을 알고 있으면서도 자기 나라가 실은 본래의 자기 나라처럼 되고 있지 않다는 것

▲ 태공망

주나라 문왕과 무왕을 도와 주나라를 천자의 나라로 만든 일등 공신
으로 강태공이라고도 하며, 이름은 강상이다. 그 공으로 제나라를
봉토로 받았다.

을 모르고 있다면 그는 분명 그 같음과 다름조차 제대로 살피지 못하는 어리석은 군주라 할 것이다.

제(齊)나라가 망했다고 하는 것은 영토와 도성이 없어졌기 때문이 아니다. 군주인 여(呂, 여상 즉 태공망이 공을 세워 주나라 왕실로부터 봉토를 받았는데, 그 봉토가 제나라였고 봉지 이름에 따라 여씨로 불리기도 한다)씨가 나라를 통제할 수 없게 되고 신하였던 전(田)씨가 실권을 행사한다는 것이다.

마찬가지로 진(晉)나라가 망했다는 것도 역시 영토나 도성이 없어졌기 때문이 아니다. 희[姬, 주나라 무(武)의 후손이 세운 나라가 진(晉)이고 주 왕실의 성이 희(姬)씨이므로 진의 왕실도 희씨임]씨가 나라를 통제할 수 없게 되고 6경(六卿, 주나라 여섯 관직의 우두머리)인 범(范), 중행(中行), 지(智), 조(趙), 한(韓), 위(魏)씨의 손으로 통제력이 옮겨 갔음을 뜻하는 것이다. 중신이 정권을 장악하고 있는데도 군주가 그 권력을 거두어들이려 하지 않는다면 현명한 군주가 아니다. 죽은 자나 마찬가지인 중병에 걸리면 살릴 수 없고 망한 나라와 마찬가지인 일이 벌어진다면 존속시킬 수 없다. 지금 제나라나 진나라와 같은 전철을 밟으면서 나라가 편안해지기를 바란다는 것은 불가능한 일이다.

'법술'이 행해지기 어려운 것은 만승(萬乘, 천자의 나라)의 나라만이 아니라 천승(千乘, 제후의 나라)의 나라도 마찬가지다. 군주의 측근에는 반드시 지혜로운 자만 있는 것은 아니다. 군주가 어떤 자를 지혜로운 자라 여겨 그 의견을 듣고 그 의견을 측근들과 의논한다면 이는 어리석은 자와 함께 지혜로운 자를 평가하는 꼴이다. 지혜로운 자의 의견이 어리석은 자들에 의해 판정된다면 지혜로운 자들이 치욕을 당하고 군주의 판단도 어긋나게 될 것이다. 신하로서 자신의 의견이 채택되어 높은 관직에 오르려는 자가 많은데, 어떤 자는 청렴결백한 것으로 인정받으려 하고 어떤 자는 재주와 지혜로써 인정받으려 한다. 이러한 자는 뇌물로 남의 환심을 사는 일을 못한다. 그들은 결백 하나만을 믿고 일하므로 법을 왜곡하여 정치를 하는 일이 없다. 그러므로 군주의 측근에게 아부하는 일도 지위를 남용하는 일도 없다. 그런데 군주의 측근은 백이(伯夷, 주나라의 현인으로 주나라 무왕에게 숙제와 함께 간언하다가 듣지 않자 수양산에 들어가 고사리를 먹고 살았음)와 같이 청렴한 자들이 아니다. 그들의 요구를 들어주지 않고 뇌물도 바치지 않으면 아무리 훌륭한 공을 세웠더라도 묵살되며 헐뜯고 거짓으로 모략하는 일만 일어나게 된다. 군주가 측근이나 친숙한 자의 말만 받아들이게 되면 무능한 벼슬아치들만 조정에 가득 차게 되고 어리석고 부패한 관리들만 관직에 남게 된다.

만승의 나라, 즉 큰 나라의 근심은 중신의 권력이 너무 크다는 것이며 천승의 나라, 즉 작은 나라의 근심은 측근들이 지나치게 신임을 받는다는 것이다. 이는 군주들이 공통적으로 겪는 근심거리다. 신하는 큰 죄를 지을 수 있으며 군주도 큰 과오를 저지를 수 있다. 군주의 이익이란 능력 있는 자를 관직에 등용하는 데 있으며 신하의 이익이란 무능해도 관직을 얻는 데 있다. 그리고 군주의 이익이란 공로가 있는 신하에게 작위와 봉록을 주는 데 있으며 신하의 이익이란 공로가 없어도 부귀해지는 데 있다. 또 군주의 이익이란 호걸(豪傑, 지혜와 용기, 기개를 지닌 뛰어난 인물)들에게 능력을 발휘하게 하는 데 있으며 신하의 이익이란 패거리를 지어서 개인적 이익을 도모하는 데 있다. 이런 까닭에 나라의 영토가 침범 당해도 신하의 개인 집은 부유해지고 군주의 지위가 낮아져도 중신의 권세는 막중해진다. 그러므로 군주가 세력을 잃고 신하가 나라를 얻는다는 것은, 군주가 나라를 빼앗겨 명칭이 번신(藩臣, 제후 나라의 대신)으로 바뀌어 불리어도 그 신하는 작위와 봉록을 얻게 된다는 것이다. 이렇게 된 까닭은 신하된 자가 군주를 속여 자기의 개인적 이익을 도모했기 때문이다. 그러므로 지금 중신 가운데 군주가 자기의 과오를 깨달았을 경우 계속 총애를 받을 자는 열에 두셋 정도일 것이다. 이는 신하가 저지른 죄가 크기 때문이다.

신하가 지은 큰 죄라는 것은 군주를 속이는 행위이며 그 죄는 마땅히 사형에 해당한다. 그러나 지혜로운 자는 멀리 내다보므로 사형당할 것이 두려워 중신을 따르지 않을 것이다. 또한 현명한 자는 청렴결백하므로 간신과 함께 군주를 속이는 일을 수치스럽게 여겨 중신을 따르지 않을 것이다. 그러나 중신의 패거리들은 어리석어서 장래의 재앙을 미리 알지 못하는 자들이며 간악한 일을 꺼리지 않는 자들이다. 중신은 어리석고 더러운 자들과 한패가 되어 위로는 군주를 속이고 아래로는 이들과 함께 이익을 찾아 다른 사람을 침범하고 빼앗는 일을 일삼는다. 또한 패거리를 지어 서로 말을 맞추어 군주를 현혹시키고 법을 파괴하여 백성들을 혼란스럽게 만든다. 이리하여 결국은 나라를 위태롭게 만들어 영토는 줄어들고 군주는 헛되이 수고만 하고 치욕을 겪게 된다. 이는 큰 죄다. 신하에게 큰 죄가 있는데 군주가 이를 금하지 않는 것은 군주의 큰 과오다. 만약 위로는 군주가 큰 과오를 저지르고 아래로는 신하가 큰 죄를 짓는다면 나라가 망하지 않을 수 없다.

✤ 한비자가 자신의 주장을 알아주는 이가 없어 홀로 울분에 가득 찬 마음을 터뜨리는 심정으로 적은 글이다. 한비자는 한나라 출신의 공자로서 '법술(法術)'을 채택하는 것이 한(韓)나라를 구해 낼 수 있는 유일한 방법이라는 제안을 여러 차례 올렸다. 그러나 그의 주장은 조국인 한나라에서 받아들여지지 않았다. 그는 이런 현실에 참을 수 없는 울분을 느꼈고 그런 감정을 이 글에 고스란히 담았다.

통치술에 능한 인재는 미래의 일을 미리 짐작하며, 법도를 준수하는 인재는 강직하다. 이들이 군주의 신임을 받아 등용된다면 법령을 어기면서 자신의 이익만을 추구하는 무리들을 바로잡을 수 있을 것이다. 그러나 통치술에 정통한 인재나 법도를 잘 준수하는 인재는 등용되기가 어려웠다. 정론만을 내세워 군주의 편협하고 왜곡된 생각을 바로잡으려 하기 때문에 군주의 총

▲ 진시황
중국을 통일한 진나라의 황제로, 한비자의 법술을 받아들여
중국을 통일하는 원동력으로 삼았다. 그는 군현제를 실시하
고 문자·도량형·화폐를 통일하는 등 강력한 중앙 집권 정책
을 추진했다.

애를 받기가 어려운데다가 이미 패거리를 형성한 간신들이 등용을 방해하기 때문이다. 그러므로 군주가 가장 먼저 해야 할 일은 실제 공적에 의거해서 신하들을 평가하고 어리석은 중신들보다는 현명한 인재를 널리 등용해야 한다는 것이다.

어찌 보면 한비자 자신 또한 이런 자신의 주장이 한나라에서 받아들여지기 어렵다는 사실을 이미 알았다고도 할 수 있다. 한나라는 작은 나라였고 당시 군주는 현명하지 못한 인물이었다. 하지만 한나라의 공족으로서 그는 자신의 조국이 망국으로 가는 것을 지켜볼 수만은 없었을 것이다. 그래서 그는 자신의 의견을 저술로서 남겼던 것이다.

하지만 그의 주장은 법술을 받아들여 쓸 수 있는 안목을 지닌 군주를 만나 그 빛을 발하게 된다. 그가 바로 후에 진시황이라 불리는 진나라의 군주 정(政)이었다. 한비자의 의견이 자신의 조국인 한나라를 없애려 들던 진나라에서 받아들여진 것은 역사의 아이러니가 아닐 수 없다. 특히 이 글 〈고분〉 편과 마지막 장의 〈오두〉 편은 진나라 군주인 정에게 강한 인상을 남겼고 진나라는 법가 사상을 받아들여 전국 시대를 마감하고 중국을 통일하는 원동력으로 삼았다. 이렇게 해서 한비자의 법가 사상은 난세를 통일한 현실적 사상으로 우뚝 서게 된 것이다.

5 세난(說難, 유세의 어려움)

5 세난(說難, 유세의 어려움)

'세난'은 유세의 어려움을 말하는 것이다. 전국 시대에는 유세객들이 군주에게 자신의 의견을 제시하여 벼슬을 얻으려고 했다. 그래서 제자백가(諸子百家), 백가쟁명(百家爭鳴)의 시대라는 표현을 쓰기도 한다. 그러나 군주를 설득하는 일은 성공하는 경우가 매우 드물었다. 어떤 군주는 실리를 중시하고 어떤 군주는 명분을 중시한다. 실리를 중시하는 군주에게 명분을 제시하면 실패할 확률이 높다. 반대의 경우도 마찬가지다. 또 어떤 군주는 겉으로 명분을 내세우면서 속으로 실리를 챙기는 경우가 있다. 이 글에서 한비자는 유세의 어려움과 실패에 따른 위험 등을 제시하고 성공적인 유세 방법을 말한다.

군주에게 의견을 제시하기는 어렵다

군주에게 진언하기 어렵다는 것은 말하는 사람이 충분한 지식을 가지고 있지 않아서도 아니며, 자신의 의견을 말로 제대로 표현하기가 어려워서도 아니다. 또 하고 싶은 말을 종횡무진으로 자유롭게 말할 만한 용기가 없어서도 아니다. 군주에게 진언하기 어려운 것은 듣는 사람의 마음을 간파하여 자기의 의견을 그것에 맞추기가 어렵다는 것이다. 예를 들어 고귀한 명성을 바라는 군주에게 이익이 많은 일만을 강조한다면, 오히려 자기를 재물이나 탐하는 천박한 자로 여

▲ 제자백가

춘추 전국 시대(기원전 770~221)에 활약한 학자와 학파의 총칭. 제자는 여러 선생을, 백가는 수많은 학파를 의미한다. 이는 당시에 수많은 학파와 학자들이 자유롭게 자신의 사상과 학문을 펼쳤다는 것을 보여 준다.

긴다는 노여운 마음에서 멀리 내칠 것이다. 반대로 재물만을 바라는 군주에게 명예나 절개에 대한 의견을 제시해 보았자, 세상 물정에 어두운 사람이라 여겨 멀리할 것이 틀림없다. 속으로 재물만 바라면서 겉으로는 의로움을 중시하는 척하는 군주에게 명예나 높은 절개에 대해 진언을 해 보았자, 겉으로는 받아들일지언정 실제로는 꺼려할 것이다. 그런가 하면 반대로 재물과 이익을 추구하는 진언을 하면 속으로는 그 의견을 채택하지만 겉으로는 배척하는 척할 것이다. 군주에게 유세하고자 하는 자는 이러한 사정을 잘 살펴야 한다.

대체로 일이란 비밀을 지킴으로써 이루어지며, 그 비밀을 누설하게 되면 실패로 돌아가기 마련이다. 자신이 누설하지 않아도 유세하는 가운데 숨겨진 일을 건드리게 되는 경우가 있다. 이때에는 유세하는 자의 목숨이 위험해진다. 또 군주가 겉으로 명령한 것과 달리 일을 추진하려는 경우가 있다. 이때 군주의 은밀한 계획까지 알고 있는 사람의 목숨도 위험하다. 전혀 다른 일을 꾀하다가 군주의 의중과 우연히 맞아떨어졌는데, 다른 지략가가 이를 알아내서 밖으로 발설하면 누설한 자가 자신이라 여길 것이고, 이렇게 되면 목숨이 위험해진다. 군주에게 신임을 받지 않았는데 아는 지식을 다 드러내 보이면 설령 자기가 말한 계획이 성공해서 공로를 세웠더라도 상을 받기 어렵다. 더구나 그 말이 실행되지 못하고 실패하면 의심을 받을 뿐만 아니라 유세하는 자의 목숨도 위험해진다.

설득의 위험과 요령

　군주에게 잘못이 있을 경우, 유세하는 자가 공개적으로 예법을 논하면서 그의 잘못을 드러내어 정면으로 비판하면 목숨이 위험해진다. 군주가 어떤 사람의 의견을 채택하여 계획을 세운 다음 그 공로를 자신의 것으로 삼고자 할 경우, 유세하는 자가 그 내막까지 들여다보면서 말하면 목숨이 위험해진다. 유세하는 자가 군주에게 실제로 할 수 없는 일을 억지로 권하거나, 혹은 멈출 수 없는 일을 억지로 저지한다면 목숨이 위험해진다. 유세하는 자가 군주에게 고위직에 있는 신하를 비판하면 군주는 자신과 이간시키려 한다고 생각할 것이며, 하급 벼슬아치들에 대해 언급하면 군주의 권력을 팔아 신분이 낮은 자들에게 사사롭게 은혜를 베푸는 자라고 간주할 것이다. 유세하는 자가 군주에게 군주가 총애하는 자를 거론하면 군주는 유세하는 자가 듣기 좋은 말을 하여 자신에게 접근하려 한다고 여길 것이며, 군주가 미워하는 자를 비판하면 자신의 속마음을 떠보기 위한 것이라 생각할 것이다. 유세하는 자가 군주에게 자세한 설명을 생략하고 단도직입적으로 요점만을 말하면, 군주는 그를 무지한 자로 여겨 중용하지 않을 것이다. 반대로 자질구레하게 상세히 주장을 늘어놓으면 말만 많고 조리가 없다고 여길 것이다. 조심스럽게 대강(大綱)만을 말하면 겁이 많아 말을 못한다고 여길 것이며, 일을 충분히 고려

하여 거침없이 진술하면 조심성이 없는 사람이라 하여 업신여길 것이다. 이것이 군주를 설득하는 데 있어서 어려운 점이니 알아 두지 않으면 안 된다.

설득의 요령은 설득하려는 군주가 자랑스럽게 여기는 것은 은근히 칭송하고, 수치스럽게 여기는 것은 말하지 않고 덮어 두는 데 있다. 내 욕심만 채우려는 것이 아닌가 하고 행동을 주저하는 군주에게는 그에 합당한 대의명분을 알려 주어서 자신감을 갖도록 한다. 군주가 마음속으로는 내키지 않는 일을 하면서도 차마 그만두지 못하는 일이 있을 때는 그 일을 칭송하고, 만약 하지 않았다면 매우 애석했을 것이라고 표현한다. 군주가 높은 이상을 품고서도 실천에 옮기지 못하는 경우가 있다. 그럴 경우에는 그 일이 실행되었을 때의 해로움을 지적하고 실행하지 않음이 현명하다고 말한다. 군주가 자신의 지혜와 재능을 자랑하면 다른 일에서 그와 유사한 예를 들어 그 근거를 마련해 주면서 내 주장을 받아들이도록 한다. 군주에게 다른 나라와 공존해야 한다는 의견을 제시할 때는 반드시 훌륭한 명분을 세우되 군주 자신에게도 이익이 있다는 것을 암시해 주는 것이 좋다. 군주에게 위험하고 해로운 일이라는 것을 일깨워 주고자 할 경우에는 반드시 세상의 비난이 있을 것이란 것을 알려서 은연중에 그것이 해가 된다는 점을 암시해 준다.

군주가 하는 일을 칭송할 때에는 그와 유사한 사례를 들어 칭송

한다. 또 군주의 과실을 바로잡으려 할 때에도 그와 비슷한 사례를 들어서 말한다. 군주가 스스로 역량이 뛰어나다고 자랑할 때는 그 능력의 한계점을 말하여 기분을 상하게 해서는 안 된다. 군주가 뛰어난 결단력을 뽐낼 경우에 그와 비슷한 사람을 예로 들어 비난하면 노하여 내쳐질 것이다. 군주가 스스로 자신의 계획이 지혜롭다고 생각하고 있다면, 그 일이 실패할 경우를 미리 지적하여 변명의 여지를 주지 않는 일은 피해야 한다. 설득의 큰 뜻은 군주의 뜻을 거스르지 않는 것이니 말씨도 거스르는 데가 없어야 비로소 자신의 지혜와 말재주를 마음껏 발휘할 수 있다. 그러면 군주와 친근하게 되어 의심 받지 않고, 자신의 의견이 채택될 수 있는 것이다.

이윤(은나라 탕왕의 재상)이 요리사가 되고 백리해(진나라 목공의 재상)가 노예 노릇을 한 것은 모두 군주에게 등용되기 위한 수단이었다. 이 두 사람은 성인(聖人)이라 일컫는 훌륭한 인물이었지만, 오히려 스스로 천한 일에 종사하면서 등용될 때를 기다렸던 것이다. 지금 내가 한 말이 요리사나 노예의 말처럼 비천하게 비칠지라도 장차 내 의견이 군주에게 채택되어 세상을 이롭게 한다면 결코 수치스러운 일이라 할 수 없다. 많은 시간이 지나 군주의 신뢰가 두터워지고 군주를 위해 깊은 계략을 세워도 의심을 받지 않으며 군주 앞에서 논쟁을 벌여도 벌을 받지 않을 만큼 되면, 비로소 이해관계를 분명하게 밝혀 공을 세우고, 시비를 가려 군주를 바로잡는다. 이렇게 해서 군주와 신하가 서로 믿고 떠받들어 주게 된다면, 이것이 유세의 성공이라 할 수 있다.

아는 것보다 말하는 것이 어렵다

　정(鄭)나라의 무공(武公, 기원전 770~744 재위)은 호(胡, 북방의 이민족)나라를 침공하려고 자신의 딸을 호공(胡公)에게 결혼시켜 환심을 샀다. 그러한 뒤에 신하를 모아 놓고 어느 나라를 침공해야 할 것인가 물었다. 대부 관기사가 호나라를 치자는 진언을 하자 무공은 진노하여 그를 죽이고 말했다. "호는 우리와 형제의 나라다. 너는 호나라를 치자고 했는데, 그것이 무슨 말이냐?" 이 말을 전해 들은 호공은 정나라의 무공이 자기에게 호의적이라 여겨 방비를 하지 않았다. 그러자 정나라는 그 틈을 타서 호나라를 습격해 점령했다.

　송나라의 어느 부잣집에 비가 내려 그 집의 담이 무너지는 일이 발생했다. 그러자 아들이 아버지에게 무너진 담을 고치지 않으면 도둑이 침입할 것이라고 말했고 이웃집 노인도 같은 뜻의 충고를 했다. 그러나 그 집 주인은 담을 그대로 내버려 두었는데, 공교롭게도 그날 밤 도둑이 들어 많은 재물을 잃고 말았다. 집안사람들은 비록 도둑은 맞았지만 그 아들의 선견지명을 칭찬했으나, 같은 말을 한 이웃집 노인은 의심을 받았다.

정나라의 대부 관기사와 이웃집 노인이 한 말은 모두 그대로 들어 맞았다. 그러나 두 사람은 모두 화를 입었는데, 심한 쪽은 죽임을 당했으며 덜한 쪽은 의심을 받았다. 그러므로 어떤 사실을 안다는 것이 어려운 것이 아니라, 알고 있는 사실을 어떻게 말하느냐가 어려운 일이다. 진(秦)나라에 망명한 사회를 진(晉)나라에서 계략을 써 소환하려 하자 친구인 요조가 여러 가지 충고를 해 주었다. 후일 그 충고가 맞아떨어져 이익이 되었기에 진(晉)나라에서는 요조를 성인이라 칭송했다. 그러나 진(秦)나라 군주 입장에서 보면 요조의 충고 때문에 자국이 불리해졌으므로 노하여 그를 죽였다. 그러므로 이러한 사정을 잘 살피지 않으면 안 되는 것이다.

턱 밑에 거꾸로 박힌 비늘

미자하라는 미소년이 위(衛)나라 영공(靈公, 기원전 534~493 재위)의 총애를 받았다. 어느 날 그의 어머니가 위독하다는 소식을 받은 미자하는 허락 없이 영공의 수레를 타고 집으로 달려갔다. 당시 위나라에서는 군주의 수레를 훔쳐 타는 사람은 월형(服刑, 발뒤꿈치를 자르는 형벌)에 처한다는 규정이 있어 중벌을 받게 되어 있었다. 그런데 미자하의 사정을 알게 된 영공은 오히려 "참으로 효자로다. 어머니를 위해 월형도 두려워하지 않다니."라고 하면서 미자하의 효심을 칭찬하고 용서했다. 또 한번은 미자하가 영공과 복숭아밭을 거닐다가 복숭아를 따서 한입 먹어 보니 아주 달고 맛이 있어서 영공에게 바쳤다. 영공은 미소를 지으면서 "자기가 먹을 것도 잊고 나에게 먹이다니."라고 감격하여 말했다. 세월이 흘러 미자하의 용모가 쇠퇴하고 총애가 엷어지자 영공이 그에게 "이놈은 지난날 나의 명령이라며 꾸며대고 몰래 내 수레를 타고 간 적이 있는데다가 먹다 남은 복숭아를 나에게 먹인 일도 있었다. 그 죄는 죽어 마땅하다[여도지죄(餘桃之罪)]."라며 책망을 했다.

이와 같이 미자하의 행동은 처음과 조금도 변한 것이 없었음에도 불구하고 전에는 군주로부터 칭찬을 받았는데 나중에는 벌을 받게 되었다. 그 이유는 그에 대한 군주의 총애가 식었기 때문이다. 그러므로 군주의 마음에 애정이 있을 때는 그 지혜가 군주의 뜻에 맞아 더욱 친해질 수 있고, 군주의 사랑이 미움으로 변했을 때는 같은 지혜라도 군주의 뜻에 맞지 않아 벌을 받게 되는 것이다. 따라서 진언을 하거나 설득하려는 자는 군주의 애증을 먼저 살펴야 하는 것이다. 용이라는 짐승은 유순하여 길들이면 타고 다닐 수 있다. 그러나 턱밑에 한 자 정도의 거꾸로 박힌 비늘[역린(逆鱗)]이 있어 그것을 건드리면 죽임을 당한다. 군주에게도 마찬가지로 역린이 있다. 설득하려는 자가 군주의 역린을 건드려 노하게 하지 않는다면 그 설득은 기대할 만한 것이다.

✤ 〈이병〉 편과 〈고분〉 편 등이 한비자가 군주의 편에 서서 '법술(法術)'의 필요성을 말한 것이라면, 〈세난〉 편은 한비자가 약자인 신하의 편에 서서 쓴 글이다. 사실 상대가 누구든지 남을 설득하기란 쉬운 일이 아니다. 그리고 상대의 지위가 높으면 높을수록 그 어려움은 더한다. 더구나 상대방이 절대 권력을 소유한 군주라면 그 정도는 말할 필요가 없다. 자칫 잘못하면 목숨을 버려야 하기 때문이다. 그래서 한비자는 아주 면밀하게 군주의 심리까지 분석해서 군주를 설득하는 유세의 방법을 제시했다.

한비자의 주장에 따르면 군주의 속마음을 아는 것도 중요하지만 군주의 기분이나 정황에 맞게 행동하는 것이 최선이라는 것이다. 그리고 군주의 신임을 충분하게 받았을 때에 이르면 자신의 방책을 펼치라는 것이다.

그러나 어떠한 경우에도 완전한 방법은 없다고 할 것이다. 그것은 한비자 자신이 진나라에서 이사의 참소로 죽임을 당한 경우를 보더라도 알 수 있다. 〈세난〉 편까지 쓰면서 군주를 설득하는 방법을 연구했지만 그 자신도 실패했기 때문이다. 그래서 사마천도 말하길 "한비가 〈세난〉 편을 썼으면서도 그 자신은 화를 면하지 못한 것을 슬프게 여긴다."라고 지적했다.

6 화씨(和氏, 화씨의 옥 이야기)

6 화씨(和氏, 화씨의 옥 이야기)

화씨는 춘추 시대 초나라 사람으로 변화(卞和)라고도 한다. 그는 군주에게 옥돌을
바쳤다가 두 발이 모두 잘리고서야 옥의 진가를 알아주는 군주를 만난 사람이다.
한비자는 통치술에 능통한 인재가 제대로 인정받기가 매우 힘들다는 현실을 화씨
의 고사에 빗대어 설명하고 있다. 오기와 상앙도 법의 올바른 시행을 주장했는데
도 불구하고 오히려 사형을 당하는 처지에 놓였다. 한비자는 법치를 주장하는 인
재가 생명의 위험을 무릅쓰고 군주를 패왕으로 성공시키기까지 겪어야 하는 현실
적 어려움을 호소하고 있다.

두 발이 잘린 화씨

초(楚)나라 사람 화씨가 형산(荊山, 호북성 남장현 서북 지역에 있는 산)
에서 옥돌을 발견하여 그것을 두 손으로 받들어 여왕(厲王, 기원전
757~741 재위)에게 바쳤다. 여왕이 옥을 감정하는 사람에게 그것을 보
였다. 옥을 감정하는 사람이 말했다. "보통 돌입니다." 여왕은 화씨
가 자기를 속였다고 여겨 그의 왼발을 자르는 형벌을 내렸다. 여왕이
죽고 무왕이 즉위하자 화씨는 또 그 옥돌을 두 손으로 받들어 무왕에
게 바쳤다. 무왕(武王, 기원전 740~690 재위)이 그 옥돌을 감정시켰으나
감정인이 또 말했다. "보통 돌입니다." 무왕이 또 화씨가 자기를 속

였다고 여겨 그의 오른발을 자르는 형벌을 내렸다.

무왕이 죽고 문왕(文王, 기원전 689~675 재위)이 즉위했다. 화씨가 이에 그 옥돌을 껴안고 형산 기슭에서 큰 소리로 울었다. 사흘 밤낮을 울어 눈물이 마르고 피가 흐를 정도였다. 문왕이 이 소식을 듣고 사람을 보내어 그 까닭을 물었다. "천하에 발 잘리는 형벌을 받은 자가 많다. 그대는 어찌하여 그리 슬피 우는가?" 화씨가 대답했다. "저는 발 잘리는 형벌을 받은 것을 슬퍼하는 것이 아니라, 저것이 보옥(寶玉)인데도 보통 돌이라 불리고 제가 정직한 사람인데도 거짓말쟁이로 불리는 것이 슬픕니다. 이것이 바로 제가 슬피 우는 까닭입니다." 그러자 문왕은 옥을 감정하는 사람에게 그 옥돌을 다듬게 하여 보옥을 얻었다. 그리하여 이를 '화씨의 옥[화씨지벽(和氏之璧)]'이라고 이름 붙이게 되었다.

대체로 구슬과 옥은 군주가 애써 찾는 물건이다. 화씨가 비록 아름답게 다듬지 않은 옥돌을 바쳤다 해도 군주에게 해가 될 것은 없다. 그러나 두 발이 잘리고 나서야 보옥으로 인정을 받았으니, 보옥으로 인정받기가 이렇게 어려운 것이다. 지금 군주의 법술(法術)에 대한 태도는 결코 화씨의 옥을 탐낼 정도보다 못하다. 그러나 그 법술은 신하들과 백성들의 사욕과 간사함을 막을 수 있다. 다만 법술의 원리를 터득한 사람이 죽임을 당하지 않은 것은, 군주의 보옥이라 할 수 있는 법술을 아직 올리지 않았다는 것이다. 군주가 술을 쓰면 신하들은 권력을 함부로 휘두르지 못할 것이며, 측근들도 군주의 권세를 빌릴 수 없게 된다. 관리들이 법으로 일을 실행하면 유랑민들은 밭으로 가서 경작을 하게 되고, 떠돌이 협객들은 전쟁터에 나가 위험을 무릅쓰고 싸우게 될 것이다. 그러므로 법술이라고 하는 것은 신하들과 백성들에게는 재앙이라 할 수 있다. 군주가 신하들의 의견을 물리치고 백성들의 비난을 무시하면서 독자적으로 법술에 의한 통치를 하지 못한다면, 법술에 능통한 인재가 비록 목숨을 잃을지라도 법술의 원리는 제대로 평가받지 못할 것이다.

법치를 주장하다 찢겨 죽은 오기와 상앙

위(衛)나라의 오기(吳起, ?~기원전 381, 전국 시대의 군사 지도자며 정치가)가 초(楚)나라 도왕(悼王, 기원전 401~381 재위)에게 나라의 풍속과 관습을 지적하면서 간언했다. "신하들의 권한이 너무 크고 귀족으로 봉한 사람들이 너무 많습니다. 이대로 가면 위로는 군주를 핍박하고 아래로는 백성들을 학대하게 됩니다. 이는 나라를 가난하게 만들고 군대는 약해지는 길입니다. 그러므로 귀족의 자손은 삼대가 되면 그 벼슬과 녹봉을 회수하고 불필요한 관리는 줄이고 재능 있는 인재를 발굴해야 합니다." 도왕이 이 의견을 받아들여 실행했으나 일 년 만에 죽자 오기는 손발이 찢기는 형벌을 당했다.

위나라의 상앙[商鞅, 기원전 390~338, 상군(商君), 공손앙(公孫鞅)으로 불리는 법가 사상가]은 진(秦)나라의 효공(孝公, 기원전 361~338 재위)을 가르쳤는데, 그는 열 명 또는 다섯 명을 한 조로 만들어 서로 감시하고 고발하도록 하고 연대 책임을 지도록 하자는 건의를 했다. 그리고 《시경(詩經)》과 《서경(書經)》을 불태우고 법령을 명백히 하여 세도가에게 청탁하는 길을 차단하고 군주에게 공로가 있는 자들을 등용하며 벼슬을 얻으려고 떠돌아다니는 사람들을 근절시키고 농사를 짓거나 전쟁에 참가하는 사람들을 표창하라고 권했다. 효공이 그의 건의대로 실행하니 군주의 권위가 서고 나라가 부강해졌으나 8년이 지나 효공이 죽자 상앙은 진나라에서 소가 끄는 수레에 묶여 사지가 찢기는 형벌을 당했다.

초나라는 오기의 의견을 받아들이지 않아서 영토가 줄어들고 사회가 문란해졌으며, 진나라는 상앙의 법을 실행하여 부강해졌다. 두 사람의 주장은 모두 합당했는데, 오기와 상앙이 사지가 찢기는 형벌을 받은 것은 무엇 때문인가? 이는 신하들은 법이 제대로 행해지는 것을 고통스럽게 여기고 백성들은 나라가 잘 다스려지는 것이 싫었기 때문이다. 오늘날 신하들이 권세를 탐하고 백성들이 혼란에 익숙해진 것은 진나라와 초나라 당시의 관습과 풍속보다 더 심하다. 더구나 지금의 군주에게는 도왕이나 효공처럼 신하의 의견을 경청할 능력이

▲ 상앙
전국 시대 진나라의 정치가로 철저한 법치주의를
통해 중앙 집권 체제를 확립시켜 진나라가 패권
을 차지하는 데 공헌을 했다.

없으니 법술에 능통한 인재가 어찌 두 사람과 같은 위험을 무릅쓰고
자신의 법술을 밝힐 수 있겠는가? 이것이 바로 세상이 혼란해지고
패권을 차지한 왕이 나오지 못하는 까닭이다.

✝ 한비자는 통치술을 익힌 인재가 그들의 가치를 인정받기가 어렵다는 것
을 화씨의 고사에 빗대어 설명했다. 그리고 법의 올바른 시행을 주장했다가
사지가 찢기는 형벌을 받은 오기와 상앙의 고사를 들기도 했다. 법치를 주
장하는 인재가 현실에서 인정받지 못하고 도리어 군주로부터 내쳐지는 현
실을 지적한 것이다.

한비자는 권력을 전횡하는 신하들에 맞서, 그들의 힘을 누를 수 있는 유
일한 길은 군주의 권한 강화라는 점을 역설했다. 그 수단이 '법'이고, 군주가
이를 사용하여 통치하는 기술이 바로 '술'이다. 따라서 '법술'은 신하들의 저
항을 받을 수밖에 없다. 또 '법술'은 지배자의 입장에서 피지배자를 제어하
는 것이기에 비난을 받기 쉽다. 그런데 '법술'을 가장 필요로 하는 군주들마
저 도리어 법술을 채용하지 않고 배척한다면 어떻게 되겠는가? 오기와 상
앙의 경우처럼 비극적인 죽음을 맞을 수밖에 없다. 이 글을 쓴 한비자 자신
도 뒤에 가서 그러한 처지에 빠졌던 것을 보면 그 어려움이란 충분히 짐작
할 수 있는 것이다. 이 글에서 한비자는 공리공담이나 개인적 이익에 빠져
나라를 좀먹는 중신들이나 자신에게 이익을 주는 줄도 모르고 법가를 배척
하는 군주의 어리석음을 강하게 비판하고 있다.

7 망징(亡徵, 나라가 망할 징조)

7 망징(亡徵, 나라가 망할 징조)

'망징'이란 나라가 망할 징조를 뜻한다. 한비자는 나라가 망할 수 있는 요소를 47가지로 열거했다. 나무가 부러지는 것은 벌레가 파먹었기 때문이고 담이 무너지는 것은 틈이 생겼기 때문이다. 그러나 비록 벌레가 파먹은 나무라 해도 강풍이 불지 않으면 부러지지 않을 것이고, 담에 틈이 생겼다 할지라도 폭우가 쏟아지지 않으면 무너지지 않을 것이다. 이와 마찬가지로 망할 징조가 보이는 나라라고 해도 금방 멸망하는 것은 아니다. 다만 법치가 잘 시행되는 나라라면 이런 징조를 미리 파악해서 부국강병책을 통해 패자가 될 것이라는 점을 강조하고 있다.

나라가 망할 47가지의 징조

1) 군주가 다스리는 나라는 작은데 신하들의 영토가 크다든지, 군주의 권세는 가벼운데 신하들의 권세가 강하면 그 나라는 망할 것이다.

2) 법에 의한 금지령을 소홀히 하면서 모략에 힘쓰고 국내 정치를 어지럽히면서 외국의 원조에만 의지하면 그 나라는 망할 것이다.

3) 신하들은 유가(儒家)와 묵가(墨家)의 학문만 좋아하고 귀족의 자제들은 논쟁만 즐기며 상인들은 재화를 국외에 쌓아 두기만 하

고 백성들은 의존심만 강하면 그 나라는 망할 것이다.

4) 군주가 궁실과 연못 만드는 것이나 좋아하고 수레와 의복에만 관심을 기울여서 백성들을 고달프게 하고 재화를 낭비하면 그 나라는 망할 것이다.

5) 군주가 길한 날을 점치고 귀신을 섬기며 점술서나 점괘를 믿고 제사 지내기를 좋아할 경우 그 나라는 망할 것이다.

6) 군주가 총애하는 신하만을 요직에 등용하게 되면 그 신하는 군주에게 있어서 마치 집을 출입하는 문 같은 존재가 된다. 그러면 그를 거치지 않고는 다른 신하들의 의견을 들을 수 없게 되어 그 나라는 망할 것이다.

7) 권세를 잡은 신하들에게 벼슬자리를 구할 수 있고, 뇌물을 써서 작위와 봉록을 얻을 경우 그 나라는 망할 것이다.

8) 군주의 마음이 나태해져 일의 성과가 없고, 유약하여 결단력이 부족해 확고한 자세가 서 있지 않을 경우 그 나라는 망할 것이다.

9) 군주가 지나치게 욕심이 많아 만족할 줄 모르고 이익을 구하는 일만 생각하면 그 나라는 망할 것이다.

10) 군주가 법에 의거하지 않고 처벌하기를 즐겨하고, 공리공론에 귀를 기울일 뿐 실용성을 추구하지 않고, 겉치레에만 빠져들어 실제 공적을 살펴보지 않을 경우 그 나라는 망할 것이다.

11) 군주의 인품이 천박하여 그 마음을 쉽게 엿볼 수 있으며, 남에

게 비밀을 경솔하게 누설하여 조금도 숨기는 것이 없어 뭇 신하들에게 말이 새어 나갈 경우 그 나라는 망할 것이다.

12) 군주의 성격이 고집이 세서 화합할 줄 모르고, 신하의 간언을 듣지 않고 남을 공격하기를 즐겨하며 사직을 돌보지 않고 교만하면 그 나라는 망할 것이다.

13) 군주가 먼 나라와의 동맹 관계를 믿고 이웃 나라를 업신여기며, 강대국의 구원을 기대하고 약소한 나라를 얕볼 경우 그 나라는 망할 것이다.

14) 나라 안에 머물러 있는 다른 나라의 인재들이 가족과 재산을 나라 밖에 두고, 위로는 군주의 비밀 계획에 참여하고 아래로는 백성들의 일에 관여한다면 그 나라는 망할 것이다.

15) 백성들이 재상을 믿고 따르고 군주에게는 복종하지 않는데도, 군주가 재상을 아끼고 신임하여 내치지 않는다면 그 나라는 망할 것이다.

16) 군주가 나라 안의 인재를 등용하지 않고 나라 밖에서 인재를 구하며, 공적에 따라 등용을 결정하는 것이 아니라 명성에 의거해서 채용하거나 나라 안에서 오랫동안 벼슬자리에 있었던 신하보다 나라 밖 인재를 높은 요직에 등용하면 그 나라는 망할 것이다.

17) 적자(嫡子, 정처가 낳은 아들)의 지위가 무시당하여 서자(庶子, 첩에

게서 나은 아들)가 맞서 대항하며, 태자(太子, 왕위를 물려받을 아들)가 아직 결정되지 않았는데 군주가 죽는다면 그 나라는 망할 것이다.

18) 군주가 무슨 일이든 대범하여 잘못을 뉘우치지 않으며, 나라가 혼란한데도 자신의 재능만 믿으며, 자기 나라의 힘은 생각하지 않고 이웃 나라를 경시하면 그 나라는 망할 것이다.

19) 약소한 나라의 군주임에도 불구하고 스스로를 낮추지 않고, 힘이 약한데도 강한 나라를 두려워하지 않고 무례한 태도로 넘보며 탐욕스럽게 고집을 세우는 경우 그 나라는 망할 것이다.

20) 이미 태자가 책봉되었는데도 강대국의 여인을 후궁으로 맞아들여 태자의 지위가 위태롭게 되고, 신하들의 마음이 변하여 두 마음을 품게 되면 그 나라는 망할 것이다.

21) 군주가 겁이 많아 소신대로 일을 추진하지 못하고, 앞일을 빨리 예측하나 마음이 유약하여 결단을 못 내리고, 머릿속으로 옳다고 여기나 그것을 실행하지 못할 경우 그 나라는 망할 것이다.

22) 외국에 망명한 군주가 있는데 나라 안에서는 새로운 군주를 세우고, 외국에 인질로 잡혀간 태자가 아직 돌아오지 못했는데 군주가 태자를 교체하는 일이 있다면, 나라가 둘로 갈라지게 되고 둘로 갈라지면 그 나라는 망할 것이다.

23) 군주가 대신들을 모욕하여 원한을 품게 하고, 군주가 백성들을 엄하게 처벌하고 잔혹하게 노역을 시켜 그들의 분노와 치욕을 샀는데, 분노와 치욕을 잊지 않고 있는데도 그를 등용해 측근에 둔다면 모반하는 자가 생겨난다. 모반이 일어나면 그 나라는 망할 것이다.

24) 대신들이 권력을 양쪽으로 갈라 대립하고 왕실 친족들이 강력한 세력을 구축해서 안으로는 패거리를 짓고 밖으로는 다른 나라의 원조를 구하며 서로 다툰다면 그 나라는 망할 것이다.

25) 군주가 시녀나 첩의 부탁을 무작정 받아 주고 총애하는 측근들의 의견을 채택하여 실행하면 조정 안팎에 분노와 원망이 가득 차게 된다. 그런데도 군주가 이를 제대로 살피지 못하고 불법이 수없이 자행될 경우 그 나라는 망할 것이다.

26) 군주가 대신들에게 모욕을 주고 부모와 형제에게 무례하게 대하며 백성들을 괴롭히고 죄 없는 자를 살육할 경우 그 나라는 망할 것이다.

27) 군주가 꾀를 써서 법을 왜곡시키고 수시로 사사로운 것으로써 공적인 것을 어지럽히며 법령과 금제를 쉽게 바꾸어 신하들에게 명령을 내리면 그 나라는 망할 것이다.

28) 나라에 견고한 요새도 없고 성곽도 허술하고 비축된 식량도 부족하고 재정도 빈약하며 방어할 대비도 없이 경솔하게 적을 공

격하면 그 나라는 망할 것이다.

29) 군주의 혈족들이 대대로 단명하고 군주가 자주 바뀌어 어린 태자를 군주로 세울 경우 신하들이 권력을 행사하게 된다. 그들이 다른 나라에서 온 사람들을 조정에 끌어들여 패거리를 짓고, 자주 영토를 잘라 다른 나라에 바침으로써 외교 관계를 유지한다면 그 나라는 망할 것이다.

30) 태자의 명성이 지나치게 높아지고 그를 추종하는 세력이 강하며 큰 나라와 많은 교분을 쌓게 되어 그 위세가 일찍부터 갖추어져 있을 경우 그 나라는 망할 것이다.

31) 군주가 마음이 편협하고 거칠고 경박하여 쉽게 휩쓸리거나 자주 격분하여 앞뒤 사정을 분간하지 못할 경우 그 나라는 망할 것이다.

32) 군주가 화를 잘 내어 출병하기를 좋아해서 농사와 군사 훈련을 소홀히 하고 경솔하게 적국을 침공한다면 그 나라는 망할 것이다.

33) 군주의 측근 귀족들이 서로 시기하고 신하들의 세력이 융성하여, 밖으로는 적국의 힘을 빌리고 안으로는 백성들을 착취하면서도 사적인 원수를 갚기 위해 전쟁을 일으키는데도 이를 처벌하지 않는다면 그 나라는 망할 것이다.

34) 군주는 어리석은데 그 친척과 형제들이 지혜롭고, 태자의 권위

는 가벼워서 다른 서자들이 대항할 만하며, 관리들은 능력이
부족한데 백성이 사납고 거칠다면 나라가 소란스러워진다. 나
라가 소란할 경우 그 나라는 망할 것이다.

35) 군주가 분노를 묻어둔 채 터뜨리지 않고 죄목을 지적하면서도
처벌하지 않는다면, 신하들은 속으로 군주를 미워하거나 두려
워하게 되고, 이 상태가 오랫동안 지속되어 신하들은 스스로
언제 어떻게 될지 모른다고 생각하게 되면 그 나라는 망할 것
이다.

36) 군주가 군대를 출동시키면서 장수에게 주는 권한이 너무 크고
변방을 지키는 관리의 지위가 너무 높아 마음대로 명령을 내릴
수 있다든지, 군주의 허락을 받지 않고도 공무를 제멋대로 처
리한다면 그 나라는 망할 것이다.

37) 왕비가 음란하고 태비(太妃, 왕의 어머니)가 다른 남자나 끌어들여
조정과 내전이 서로 뒤섞여 정치에 관여함으로써 남녀의 구분
이 없게 되는 상태를 가리켜 '군주의 실세가 둘이다.'라고 한다.
실세가 둘이 되면 그 나라는 망할 것이다.

38) 왕비는 천시를 당하는데 후궁들은 존중을 받으며, 태자보다 서
자의 권위가 높고 재상의 권위가 떨어지고 측근들의 권세가 커
지면 안팎으로 어그러질 것이다. 안팎이 어그러질 경우 그 나
라는 망할 것이다.

39) 신하들의 지위가 지나치게 높아지고 지지하는 패거리 수가 많아 군주의 결정을 가로막고 나라의 권력을 독단적으로 휘두른다면 그 나라는 망할 것이다.

40) 세력가의 추천을 받은 사람은 등용되지만 공을 세운 장수의 자제들은 배척당하고, 작은 마을의 사소한 선행은 표창하면서 관직에 있는 사람들의 노고는 무시되며, 사적인 행동은 중시되면서 공적인 업적을 경시할 경우 그 나라는 망할 것이다.

41) 군주의 재정은 텅 비었는데 신하들의 창고는 가득 차 있고, 농업과 병역을 담당하는 백성들은 가난한데 이익을 찾아 떠돌아다니며 장사하는 일에 종사하는 자들만 이익을 얻으면 그 나라는 망할 것이다.

42) 군주가 큰 이익이 된다는 것을 알면서도 이를 취하지 않고, 재앙의 조짐이 있다고 들으면서도 미리 대비하지 않으며, 전쟁에서 공격과 방어를 소홀히 하면서 혀끝으로 인의(仁義)를 부르짖어 스스로를 꾸미려고 힘쓸 경우 그 나라는 망할 것이다.

43) 군주가 군주로서의 효도를 행하지 않고 백성들이 행하는 필부의 효행을 우러러보며, 사직의 이익을 돌보지 않고 태비의 명령만 들어 여인들이 국정을 좌지우지하고 환관(宦官, 내시)이 정권을 전횡한다면, 그 나라는 망할 것이다.

44) 군주가 말재주는 뛰어나지만 법에 맞지 않고, 생각은 영민하지

만 통치술을 터득하지 못하며, 재능은 많으나 법도로써 일을 처리하지 못하면 그 나라는 망할 것이다.

45) 새로 등용된 신하는 진급시키고 오래도록 일한 신하는 배척하고, 우매한 자가 정치에 참여하고 현명한 신하는 물러나고, 공로가 없는 자는 부귀해지는데 노고가 많은 자가 천대받으면, 아랫사람은 윗사람에게 원망을 품게 마련이고 아랫사람이 윗사람에게 원망을 품게 되면 그 나라는 망할 것이다.

46) 귀족이나 신하들이 공적이 있는 자에 비해 많은 봉록을 받고 분수에 넘치는 복장을 하며 저택과 음식이 사치스러운데도 군주가 이를 금하지 않으면, 신하들은 더욱 만족할 줄 모르고 탐욕스러운 마음은 끝이 없게 된다. 이렇게 되면 그 나라는 망할 것이다.

47) 군주의 사위나 자손들이 백성들과 함께 한 마을에 살면서 이웃에게 거만하고 횡포를 부린다면 그 나라는 망할 것이다.

망할 징조가 있다는 것은 반드시 망한다는 것이 아니라 망할 수 있다는 말이다. 요(堯)는 뛰어난 군주였지만 그와 같은 성인이 두 명이나 있다고 해서 그들 모두 군주가 될 수 있는 것은 아니며, 걸(桀)은 폭군이었지만 그와 같은 폭군이 두 명이나 있다고 해서 둘 다 망한다고만 볼 수 있는 것은 아니다. 나라가 흥하느냐 망하느냐 하는 관건은 반드시 그 나라의 잘 다스려짐과 잘 다스려지지 못함, 부강함과 쇠약함이 어느 쪽으로 기울어졌는가에 달려 있다. 나무가 부러지는 것은 반드시 벌레가 파먹었기 때문이고 담이 무너지는 것은 반드시 틈이 생겼기 때문이다. 그러나 비록 벌레가 파먹은 나무라 해도 강풍이 불지 않으면 부러지지 않을 것이고, 담에 틈이 생겼다 할지라도 폭우가 쏟아지지 않으면 무너지지 않을 것이다. 그러므로 만승의 군주가 술을 활용하고 법을 시행한다면, 망할 징조가 보이는 군주에게는 강풍과 폭우와 같은 존재가 될 것이니 천하를 통일하는 데 어려움이 없을 것이다.

✝ 망국의 조짐, 즉 나라가 망할 징조에 대하여 열거한 것이다. 한비자는 이런 조짐을 47가지나 들었는데, 크게 보면 군주의 집안이나 측근의 득세와 비리, 대신이나 장군의 권력 전횡, 그리고 군주 개인의 고집스런 성격이나 소탐대실, 무능과 유약함, 사치와 방탕 등이 주된 지적 사항이다. 한비자의 이런 지적은 결코 그 당시만의 문제가 아니라는 사실을 알 수 있다. 21세기에 들어와서도 측근 비리는 아직도 존재하며 현명한 사람들의 비판과 충언을 무시하는 독단은 여전히 사라지지 않았기 때문이다.
  그러면 한비자가 제시한 해결책은 무엇인가? 이 또한 그가 항상 강조했듯이 공정한 법 집행을 토대로 나라를 다스려야 한다는 것이다. 정실 인사가 아니라 공정한 인사를 행하고 자기 멋대로 잣대를 세우는 법 집행이 아니라 누구나 공감하는 공평무사한 법 집행이 이루어진다면 설사 망국의 징조를 보이는 나라일지라도 다시 일어날 수 있다는 것이다. 물론 군주가 중심인 고대 사회답게 군주의 신하들에 대한 통치술 또한 강조하고 있다.

가혹하다고 여길 정도로 엄격한 법 집행을 함으로써 아무리 사소한 일이라도 법을 어기면 처벌받는다는 법가적 통치술을 시행한다면 나라는 질서가 잡히고 나아가서는 천하를 통일할 수 있다는 것이 한비자의 입장이었다. 그리고 이런 법가적 통치술을 통해 진시황은 춘추 전국 시대의 혼란을 종식시키고 천하를 통일할 수 있었다.

　하지만 감정을 지닌 인간의 한계라고 해야 할까? 냉정하고 가혹한 법 집행과 관료주의적인 명령 체계만으로는 세상의 민심을 다스릴 수 없었다. 결국 진나라는 불과 2대 15년 만에 멸망하고 법보다는 인의를 내세운 유교 사상이 새로운 통치 이념으로 대체되고 말았다. 법치와 인의는 진정 양립할 수 없는 것인지 깊이 생각해 볼 문제라고 하겠다. 한비자가 주장한 법치의 핵심 또한 '인의라는 대의를 세우기 위한 하나의 방안'이었기 때문이다.

8 삼수(三守, 군주가 지켜야 할 세 가지)

8 삼수(三守, 군주가 지켜야 할 세 가지)

'삼수'란 군주가 지켜야 할 세 가지 원칙이다. 첫째, 권력을 전횡하는 신하의 행동에 대해 간언했을 때 그 말을 누설하지 말아야 한다. 둘째, 측근들에 의해 좌지우지되어서는 안 된다. 셋째, 군주의 권한을 신하들에게 맡기면 안 된다. 한비자는 군주가 이 세 가지를 지키지 못했을 때 군주는 신하들에게 권력을 내어 주고 심지어는 시해당할 수도 있다고 경고한다. 군주를 대놓고 협박하는 명겁(名劫), 신하가 국사를 농단하는 사겁(事劫), 신하가 나라의 형벌권을 전횡하는 형겁(刑劫)의 3가지 현상이 일어난다고 본 것이다.

군주가 지켜야 할 세 가지 원칙

군주에게는 지켜야 할 세 가지 일이 있다. 이를 완전하게 지키면 나라가 평안하고 자신도 영화를 누릴 것이다. 그러나 이를 잘 지키지 못한다면 나라가 불안하고 그 자신도 위태로울 것이다. 그러면 군주가 지켜야 할 세 가지 원칙이란 무엇인가?

첫째, 비밀을 누설하지 않아야 한다. 신하들 중 요직에 있는 자의 실수나 정사를 맡은 자의 허물이나 명성이 높은 신하의 숨은 사정을 군주에게 보고하는 경우가 있다. 그런데 군주가 그 말을 가슴에 간직하지 못하고 경솔하게 측근이나 총애하는 자에게 누설하면, 직언하는 신하들이 총애를 누리는 자들의 비위를 맞추지 않고서는 군주에게 직접 들려 줄 수 없게 된다. 이렇게 되면 바른 말을 직언하는 사람은 만나기 어려워지고 충직한 신하들은 나날이 군주의 곁에서 멀어질 것이다.

둘째, 군주가 재능이 있는 자에게 이익을 주고 싶어도 주변의 신하들이 그를 칭찬한 뒤에 이익을 주고, 미워하는 자를 내치고 싶어도 독단으로 처리하지 못하고 누군가 그를 비난한 뒤에 내친다면 군주의 위엄은 사라지고, 권력이 좌우 측근들의 손아귀에 들어가게 될 것이다.

셋째, 군주가 직접 국정을 돌보는 수고로움이 싫어서 신하들에게 정사를 대신 처리하게 한다면, 여러 신하들은 정사를 처리하는 신하 곁으로 몰려들게 된다. 그 때문에 상벌의 권한과 위엄이 아래로 옮겨가 죽이고 살리는 실권과 직위를 박탈하는 권한이 대신의 수중에 있게 된다. 이렇게 되면 군주는 신하들에게 권력을 침해받게 된다. 이처럼 군주가 지켜야 할 세 가지 일이 완전하지 못하면 협박을 받거나 피살을 당하게 될 것이다.

군주가 대비해야 할 세 가지 위협

군주가 신하에게 위협을 받는 세 가지 유형이 있다. 명분에 의한 위협[명겁(名劫)]과 나랏일을 핑계로 삼은 위협[사겁(事劫)], 그리고 형벌의 권한을 장악하여 행하는 위협[형겁(刑劫)]의 세 가지 유형이다.

첫째, 명분에 의한 위협이란 군주의 실권을 탈취하고 명분마저도 협박하는 것이다. 높은 지위에 오른 신하가 국정을 장악하고 여러 신하들에게 그를 의존하게 만들고 국내외의 일을 그가 아니면 처리할 수 없게 만든다. 비록 현명한 신하가 있더라도 그를 반대하면 화를 당하고 그를 따르면 반드시 이익을 얻게 만들 것이다. 신하들은 군주에게 충성하고 나라를 걱정하며 사직의 이해를 위해 감히 논쟁하려 들지 않을 것이다. 군주가 현명하다 할지라도 국정을 단독으로 수행할 수는 없다. 여기에 감히 군주에게 충성하는 신하들조차 없다면 그 나라는 망하게 될 것이다. 이것을 일컬어 나라에 신하가 없다는 것이다. 나라에 신하가 없다는 것이 어찌 조정이 텅 비고 조회에 참석하는 신하가 적다는 말이겠는가? 신하들이 봉록을 받으면서 자신의 세력을 키우는 데만 힘쓰고 군주에게는 충성을 다하지 않는다는 것이다. 이것을 '명겁'이라 한다.

둘째, 나랏일을 핑계로 삼은 위협이란 실제로 일한 공적을 근거로 군주를 협박하는 것이다. 신하들 중에는 군주의 총애를 팔아 제멋대로 권세를 부리고 외국 사정을 거짓으로 꾸며 국내 정치를 좌지우지하고 화복(禍福)과 득실(得失)이 되는 정황을 왜곡하여 군주가 좋아하고 싫어하는 정서에 영합하는 자가 나올 수 있다. 군주는 그 말을 받아들여 자신과 국가의 역량을 기울여 그 일을 밀어 준다. 그런데 만일 일이 실패하면 군주와 책임을 분담하지만, 일이 성공하면 그 신하가 혼자 공을 독차지하게 된다. 이 일에 참여한 많은 신하들이 서로 같은 마음으로 입을 하나로 맞춰 그를 칭찬하기 때문에 군주는 정직한 신하가 비판하는 말을 해도 믿지 못하게 된다. 이것을 '사겁'이라 한다.

셋째, 형벌의 권한을 장악하여 행하는 위협이란 재판정이나 감옥을 관리하고 금제(禁制, 어떤 행위를 하지 못하게 말리는 행동이나 법규)와 형벌에 관한 일에 이르기까지 모두 신하가 제멋대로 처리하는 경우를 말하는 것이다. 이것을 '형겁'이라 한다. 군주가 지켜야 할 세 가지 일이 완전하지 못하면 세 가지 위협이 발생하게 되며 지켜야 할 세 가지 일이 완전하면 세 가지 위협은 그칠 것이다. 세 가지 위협이 그쳐서 소멸된다면 세상을 다스리는 진정한 왕이 될 것이다.

✣ '삼수'란 군주가 군주로서 자기 권력을 행사하기 위해 반드시 지켜야 할 세 가지의 원칙이다.

그 첫째는 올바른 신하가 나라의 미래를 걱정해 권력을 전횡하는 신하의 행동에 대해 간언했을 때, 이것을 측근에게 누설하지 말아야 한다는 것이다. 이렇게 되면 충심이 있는 신하라 할지라도 측근이나 권력 있는 신하에게 먼저 자문을 구한 다음 군주에게 말하게 된다는 것이다. 결국 충신들이 줄어들어 군주는 위험해지기 마련이다.

둘째는 총애하는 측근들에 의해 나랏일이 좌지우지되어서는 안 된다는 것이다. 군주는 조정의 일이 돌아가는 모양새를 꿰뚫어 보고 일의 공과에 따라 공정한 상벌을 내려야 한다는 말이다. 군주가 스스로의 판단으로 일을 처리하지 못한다는 사실이 퍼지면 권력은 측근들의 손아귀에 들어갈 것이다.

셋째는 군주의 권한을 신하들에게 맡기면 안 된다는 것이다. 나랏일을 처리하는 것이 귀찮아서 신하에게 그 권한을 넘기면 결국 관리의 임명과 퇴출은 물론이고 생사여탈권마저도 신하의 수중에 있게 된다. 이렇게 되면 모든 권력이 신하에게 집중되게 되고 심한 경우에는 자신의 목숨마저 위협받게 된다.

이렇게 군주 스스로가 자신의 권한을 지키지 못하면 군주를 대놓고 협박하는 명겁(名劫), 신하가 나라의 정치를 제멋대로 처리하는 사겁(事劫), 신하가 나라의 형벌권을 전횡하는 형겁(刑劫)의 현상이 일어나기 마련이다. 이런 지경에 빠지지 않으려면 군주 스스로가 권력을 틀어쥐고 신하들의 아부와 거짓을 가려낼 수 있어야 한다. 그러므로 '삼수'란 전국 시대에 빈번하게 일어났던 하극상을 막기 위한 군주론인 셈이다.

자식이 부모를 죽이고 신하가 임금을 죽이는 하극상은 전국 시대로 들어오면서 더욱 빈번해졌는데, 이는 사회적인 변화 때문이었다. 철기가 도입되면서 농업 생산력이 늘어나게 되자 빠르게 공동체적 윤리와 질서는 무너져갔다. 이런 속에서 수많은 제후국들은 서로가 서로를 먹으려는 음모와 암투는 물론 전쟁까지도 불사했다. 내가 살기 위해 남을 죽여야 하는 비정한 세상이 되자 과거의 전통적인 군신 관계에도 변화가 일어나 신하들이 권력을 장악하고 군주를 폐하는 일도 자주 일어났다. 제나라를 차지한 전(田)씨 가문이나 진(晉)을 멸망시키고 나라를 삼분한 조(趙)·한(韓)·위(魏) 세 가문이 그런 대표적 인물들이었다. 이런 비윤리적인 약육강식의 시대에 살아남기 위한 군주론이 바로 '삼수'라 하겠다.

9 비내(備內, 권력의 내부를 단속하라)

9 비내(備內, 권력의 내부를 단속하라)

'비내'란 내부를 방비하라는 말이다. 내부란 궁궐의 왕비와 태자 그리고 측근들을 말하는데, 한비자는 이들을 군주를 위협하는 내부의 적이라고 보았다. 이들은 심지어 군주가 빨리 죽기를 바라기도 하는데, 이는 군주의 죽음이 바로 자신들의 이익이 되기 때문이다. 그러나 이들은 항상 군주 곁에 있으면서 총애를 받기 때문에, 그들이 계획하는 음모를 소홀히 여기기 쉽다. 한비자는 군주란 누구도 신뢰하지 말고 오직 법에 의지해서 통치해야 한다고 강조한다. 법술에 근거해 나라를 통치하면 요행을 바라는 측근이 사라지게 될 것이며 군주의 위상이 공고해진다는 것이다.

군주 가까이에 있는 자들을 경계하라

군주의 우환은 남을 신뢰하는 데서 비롯된다. 남을 신뢰하면 그로부터 제압을 받게 된다. 신하는 군주와 혈육 관계로 맺어진 것이 아니라, 단지 군주의 위세에 얽매어서 어찌할 수 없이 받들어 모시는 것이다. 따라서 신하는 군주의 마음을 엿보고 살피느라 잠시도 쉬지 않는데, 군주는 그 위에서 태만하고 교만하게 처신한다. 이 때문에 군주는 그 지위를 위협당하기도 하고 살해당하는 일이 발생하는 것이다.

군주가 만약 자신의 자식을 지나치게 신뢰한다면 간신들은 군주의 자식을 이용해 자신의 욕망을 달성하고자 할 것이다. 그래서 조나라의 신하 이태는 혜문왕을 섬기면서 그 아버지인 무령왕[武靈王, 기원전 340~295 재위, 왕위를 혜문왕(惠文王)에게 물려주고 상왕으로 있으면서 맏아들이던 공자(公子) 장(章)이 반란을 일으키자 그를 감싸다가 혜문왕 편이던 이태에게 포위당해 굶어 죽음]을 굶겨 죽였다. 군주가 만약 자신의 부인을 지나치게 신뢰할 경우에 간신들 역시 그 부인을 이용해 자신의 욕망을 채우려고 할 것이다. 그래서 진(晉)나라 헌공(獻公, 기원전 677~651 재위)의 광대 우시는 여희(驪姬, 헌공의 후궁)의 세도를 업고 태자 신생을 죽이고 여희의 자식인 해제를 태자로 옹립했던 것이다. 이렇듯 아내와 자식도 신뢰할 수 없는 것이니 그 나머지는 믿을 자가 있을 수 없다.

만승의 나라 군주나 천승의 나라 군주의 왕비와 후궁, 적자로서 태자가 된 자들 가운데 간혹 그 군주가 일찍 죽기를 바라는 자가 있을 수 있다. 어떻게 그러한 것을 알 수 있는가? 아내란 원래 혈육의 정이 있던 것이 아니다. 서로 애정이 있으면 가깝지만 애정이 없어지면 소원해지는 것이다. 속담에 '그 어머니가 사랑스러우면 그 자식도 안아 준다.'는 말이 있다. 그렇다면 이 말을 뒤집으면 그 어머니가 미우면 그 자식도 버리게 된다는 것이다. 남자는 나이 오십이 되어도 여색을 좋아하는 것이 줄어들지 않지만 여자는 나이 삼십이 되면 미모가 쇠한다. 미모가 쇠한 부인이 여색을 밝히는 남자를 섬기게 되면 자신이 소외되고 무시당하지 않을까 의심하고 내 자식이 후계자가 되지 못할까 의심하게 된다. 이것이 왕비와 부인들이 군주가 죽기를 바라는 이유다.

왕비가 태비가 되고 자식이 군주가 되어 명령을 내리면 행해지지 않는 것이 없고 금지령을 내리면 그치지 않는 것이 없다. 남녀 간의 즐거움도 남편이 살았을 때와 다르지 않으며 나라 전체를 좌지우지해도 터럭만큼의 시비가 있을 수 없다. 그래서 군주를 독주(毒酒)로 살해하거나 은밀하게 목을 졸라 죽이려는 것이다. 초(楚)나라의 역사서인 《도올(檮杌)》에서 "군주가 병으로 죽는 경우가 절반을 차지하지 않는다."라고 했다. 군주가 주의를 기울이지 않으면 간신들은 항상 왕비와 태자를 이용해 난을 일으킬 것이다. 그래서 "군주의 죽음으로 이익을 얻는 자들이 많으면 군주가 위험해진다."라고 한 것이다.

화근은 사랑하는 사람으로부터 나온다

조(趙)나라의 군주를 섬겼던 말 사육사 왕량이 말을 아꼈던 것은 말이 더욱 빨리 달리기를 원했기 때문이다. 월(越)나라 군주인 구천(句踐)이 사람들을 사랑했던 것은 전쟁에서 용감하게 싸워 주기를 바랐기 때문이다. 의원이 환자의 고름을 입으로 빨거나 나쁜 피를 입에 머금는 것은 혈육으로서의 정이 있어서가 아니라 자신의 이익을 얻기 위해서다. 그래서 가마를 만드는 기술자는 사람들이 부유해지기 바라고 관을 짜는 목수는 사람들이 요절(夭折, 젊어서 죽음)하기를 바란다. 이는 가마를 만드는 사람이 어질고 관을 짜는 사람이 잔혹하기 때문이 아니다. 사람들이 부유하지 않으면 가마가 팔리지 않고 사람이 죽지 않으면 관을 팔 수 없기 때문이다. 이는 사람을 증오해서가 아니라 사람이 죽어야 이익이 생기기 때문이다.

그러므로 왕비나 후궁, 태자의 패거리가 형성되면 군주가 죽기를 바라는 것도 군주가 죽지 않으면 세력이 약해지기 때문이다. 이는 진정으로 군주를 증오하는 것이 아니라, 군주가 죽음으로써 이익이 생기기 때문이다. 그런 까닭에 군주는 자기의 죽음으로 이익을 얻게 되는 자들에 대해 마음을 쓰지 않을 수 없다. 그래서 해와 달 주변에 무리가 생기면 재앙이 생긴다는 예언도 사실은 그 재앙의 근원이 내부에 있는 것처럼, 증오하는 자들에 대해서는 늘 방비를 하지만 사실 화근은 항상 사랑하는 사람으로부터 나온다.

이런 까닭에 현명한 군주는 근거를 제시할 수 없는 일은 실행하지 않으며 평소에 먹던 음식이 아니면 입에 대지 않는다. 먼 곳의 상황까지 귀를 기울이고 가까운 곳에 있는 일들을 눈여겨보아 조정 안팎의 잘못을 밝히며 말한 의견이 같은가 다른가를 살펴 패거리의 형편을 헤아린다. 그리고 여러 방면으로 증거를 대조해 신하가 진언한 실적을 추궁하여 뒤에 거둔 결과와 서로 부합하는지 살핀다. 또한 법률에 의거해서 백성들을 다스리되 많은 사례를 상호 비교하여 살펴본다. 벼슬아치가 요행으로 상을 받게 되는 일이 없게 하며 분수에 넘치는 행동을 하지 못하도록 한다. 그리고 사형을 시행할 때 반드시 합당하게 하고 범죄자를 사면시켜 주지 않는다면 간사한 자들이 사욕을 품지 못할 것이다.

나라에 요역(徭役, 토목 공사 같은 노역을 부담함)이 많으면 백성들이 고통스러워진다. 그러면 사람들은 벼슬아치들을 통해 요역을 면제 받으려고 하므로 벼슬아치들의 권세가 강해진다. 벼슬아치들의 권세가 강해진다는 것은 요역을 면제해 주고 받는 대가가 많다는 증거로서, 결국 벼슬아치들이 부유해지게 된다. 이처럼 사람들을 괴롭혀 벼슬아치들을 부유하게 만들고 권세를 누리도록 하는 것은 나라의 장기적인 이익이 되지 못한다. 그러므로 예로부터 이르기를 "요역이 적으면 백성들이 편안하고 백성들이 편안하면 신하가 권세를 잃고 신하가 권세를 잃으면 모든 은덕이 군주에게 돌아간다."라고 한 것이다.

물이 불을 이긴다는 것은 명백한 사실이다. 그러나 그 사이에 가마솥을 두면 물은 끓어올라 모두 위로 증발하지만 불은 기세 좋게 타올라 물이 불을 이길 수 없게 된다. 법률로 통치하면 사악한 것을 금할 수 있다는 것은 이보다 더 명백한 일이다. 그런데 법률을 집행하는 신하가 물과 불을 가로막는 가마솥의 역할을 한다면, 법률은 단지 군주의 마음속에만 존재할 뿐이며 간사함을 금할 수 있는 기능은 상실하고 만다. 상고 시대로부터 전해 오는 말과 《춘추(春秋)》에 기록된 글을 보면 "범법과 반역을 저질러서 큰 악을 이룬 자가 일찍이 높은 지위의 신하로부터 나오지 않은 적이 없다."라고 했다. 그런데도 법이 적용되는 대상이나 형벌에 의해 죽임을 당하는 자들은 항상 비천한 자들이었다. 그래서 사람들은 절망하고 억울함을 호소할 곳이 없다. 신하들은 패거리를 지어 군주의 이목을 가리고 한통속이 되어 속으로는 사이가 좋더라도 겉으로는 나쁜 척하여 사심이 없는 것처럼 보이며, 서로 귀와 눈이 되어 군주의 빈틈을 엿본다. 군주의 이목이 가려져서 진실을 듣지 못하면 군주라는 명목은 있으나 실권이 없게 되어 신하가 법을 전횡하게 된다. 주나라의 천자가 바로 그런 예다. "군주가 권세를 신하에게 빌려주면 상하의 위치가 바뀌게 된다."라는 말이 있다. 이것은 곧 신하에게 권세를 빌려주어서는 안 된다는 것을 말한 것이다.

✛ '비내' 또한 난세를 살아가는 군주의 처신에 관한 충고이자 조언이다. 한비자는 군주에게 아예 아무도 믿지 말라고 말한다. 자신에게 충성을 다하는 신하의 경우도 군주와 혈연으로 맺어진 관계가 아니고, 다만 군주의 권세나 녹봉 때문에 마지못해 복종하는 것이고 혈육 관계인 자식이나 집안의

왕비, 또는 후궁도 자신의 이해관계 앞에서는 군주를 속이거나 심지어는 군주를 죽이려 들지도 모른다는 것이다. 이들은 모두 군주가 죽어야 자신에게 이익이 돌아온다면 그들의 이익을 위해 언제든지 군주를 배반할 것이라는 말이다. 그러므로 아무리 외부의 도둑을 방비해도 도둑이 안에 있으면 헛된 일이듯이 군주에게 원한을 갖거나 원망하는 자들만을 경계하기보다는 오히려 아끼는 자들을 더욱 경계하라는 것이다. 우리도 흔히 겪듯이 내부의 적이 더욱 화근이기 때문이다.

그런데 한비자는 사람들이 누군가를 해치려 드는 이유는 그들이 악인이라서 그런 것이 아니라 인간이 원래 이기적인 존재라서 그렇다고 주장한다. 군주 스스로도 그렇듯이 자신의 이익을 위해서라면 다른 사람들을 해치려 드는 것이 당연하다는 것이다. 한비자의 이런 주장은 아마도 순자에게서 받은 영향이라고 볼 수 있다. 순자는 사람의 본성이란 원래 악하다고 말했다. 그러나 순자는 노력 여하에 따라서 인간은 선해질 수 있다고 주장했다. 교화(敎化)의 필요성을 강조한 것이다.

이에 비해 한비자는 한걸음 더 나아가 홉스가 말한 '만인에 의한 만인의 투쟁'처럼 인간이란 본질적으로 개선될 수 없다는 입장이었다. 한비자에 의하면 사람이란 현실적인 욕망에 의해서만 움직이므로 이를 탓할 필요가 없으며 교화를 통해 개선되지도 않는다는 것이다. 다만 이런 인간의 본성을 제대로 파악해서 그에 대한 대책을 세우는 것이 중요할 뿐이라는 말이다. 그 대책이 다름 아닌 '법술(法術)'이었다. 법술이라는 말은 홉스가 말한 군주와 인민 사이의 계약과도 흡사하다. 인민은 군주에게 자신의 권리를 양도하고 군주는 명령을 내리며 지배하는 대신 인민을 보호한다는 홉스의 사회 계약론처럼 한비자가 제시한 대안은 바로 '만인의 법 앞에서의 동등함과 평등함'이고 사회적 안정을 위해 군주는 뱀처럼 지혜롭게 자신의 권력을 유지하는 '통치술'을 써야 한다는 말이다. 두 사람이 다른 시대를 살았음에도 그 주장에 유사성이 보이는 것은 아마도 군주에 의한 통치를 정당하다고 보고 그 정당성의 근거를 백성(인민)에게서 찾았기 때문일 것이다.

10 세림(說林, 유세의 숲)

10 세림(說林, 유세의 숲)

'세림'이란 유세에 동원할 고사나 전설, 우화 등이 숲처럼 모여 있다는 뜻이다. 전국 시대는 수많은 정객들이 자신들의 정치 무대를 마련하기 위해서 군주를 설득시키는 유세를 펼쳤다. 특히 그들은 군주 앞에서 자기 논리를 전개하기 위해 고사를 적절하게 인용했다. 한비자는 유세할 때 참조할 수 있도록 유용한 이야기들을 나름의 기준으로 모아 두었는데 이를 세림이라 한다. 다소 딱딱한 역사를 한비자 특유의 예리한 비평과 재치 있는 비유로 재구성한 것이 돋보인다.

벼룩과 이 같은 무리

자어라는 자가 공자를 송나라 재상에게 소개했다. 공자가 나간 뒤에 자어가 들어와서 공자의 인품이 어떠하냐고 물었다. 재상이 대답했다. "내가 지금 공자를 만난 뒤에 자네를 대하니 마치 벼룩이나 이를 보는 것처럼 작게 느껴지네. 나는 지금 공자를 군주에게 소개하고자 하네." 자어는 공자가 자기보다 군주에게 존중받을까 두려워서 재상에게 이렇게 말했다. "군주께서 만약 공자를 만나 보시면 당신 역시 벼룩이나 이처럼 보일 것입니다." 그래서 재상은 공자를 군주에게 소개하겠다는 마음을 버렸다.

물이 말라붙은 연못에 살던 뱀 이야기

치이자피가 제나라의 실권자인 전상(田常)을 섬겼다. 그런데 전상
이 제나라에서 죄를 짓고 연나라로 도망가려고 했을 때, 치이자피는
관문을 통과할 때 필요한 부절(符節, 돌이나 대나무, 옥 따위로 만들어 신분
의 증거로 사용한 물건)을 등에 짊어지고 따라갔다. 그들이 국경 지역의
고을에 도착했을 때 치이자피가 말했다. "나리는 물이 말라붙은 연
못에 살던 뱀에 얽힌 이야기를 들어 보셨습니까? 연못에 물이 말라
뱀이 다른 곳으로 옮기려 할 때 작은 뱀이 큰 뱀에게 '그대가 먼저 가
고 내가 뒤따르면 사람들은 우리를 보통 뱀으로 알고 죽여 버릴 것
이다. 그러나 우리가 서로 꼬리를 입에 물고 그대가 나를 등에 업고
가면 사람들은 우리를 보고 연못의 신령으로 여겨 길을 비켜 줄 것
이다.'라고 했습니다. 이에 두 마리 뱀은 꼬리를 입으로 물고 큰 뱀
이 작은 뱀을 등에 업고서 큰길을 건너갔습니다. 사람들이 그것을
피하며 말하길 '신령님이시다.'라고 했다는 것입니다. 지금 나리는
훌륭해 보이고 저는 추해 보입니다. 여기서 나리를 주인으로 모시고
간다면 나리는 고작 천승 나라의 군주로밖에 보이지 않을 것이지만,
만일 제가 나리를 저의 시종으로 삼는다면 만승 나라의 재상으로 보
일 것입니다. 그러니 나리가 저의 시종이 되는 것이 훨씬 좋은 방법
입니다." 그래서 전상이 부절을 등에 짊어지고 치이자피를 수행하여

어느 숙소에 이르자, 숙소 주인은 매우 정중하게 대접하려고 술과 고기를 바쳤다.

늙은 말이 길을 잘 안다

관중과 습붕이 제나라 환공을 따라 작은 나라인 고죽(孤竹, 하북성 노룡현 일대)을 정벌했다. 봄에 가서 겨울에 돌아오는데 길을 잃고 헤매었다. 관중이 말했다. "늙은 말의 지혜가 쓸 만합니다." 이에 늙은 말을 풀어 놓아 뒤를 따라가니 과연 잃었던 길을 찾을 수 있었다. 산속을 가는 도중 마실 물이 바닥났다. 습붕이 말했다. "개미는 겨울에는 산 남쪽에 살고 여름에는 산 북쪽에 삽니다. 개미집 높이가 한 치가 되면 그 아래 한 길 깊이에 물이 있습니다." 곧 땅을 파서 물을 얻었다. 관중과 같이 사리에 밝은 자와 습붕과 같이 지혜로운 자도 자기가 모르는 것이 있을 때면 늙은 말이나 개미를 스승으로 삼았다. 그런데 요즘 사람들은 스스로의 어리석음을 알지 못하고 성인의 지혜를 스승으로 삼을 줄 모른다. 이 어찌 잘못된 일이 아니겠는가?

불사약을 먹고 죽으면 사약

초나라 형왕(荊王)에게 불사약(不死藥, 죽지 않는 약)를 바치려는 자가 있었다. 궁중에서 손님 접대를 책임지는 관리가 그것을 손에 들고 안으로 들어가려는데 호위 무사가 물었다. "먹을 수 있는가?" 관리가 대답했다. "있다." 그러자 호위 무사가 그것을 홀딱 먹었다. 형왕이 이 사실을 듣고서 크게 노하여 사람을 보내 그 호위 무사를 죽이라고 명했다. 호위 무사가 다른 사람을 통해 형왕에게 해명했다. "제가 접대를 책임진 관리에게 먹을 수 있냐고 물었더니 '있다.'라고 했습니다. 그래서 제가 먹었습니다. 그러니 제게는 죄가 없고 관리에게 죄가 있는 것입니다. 또한 불사약이라 하여 바친 것인데 제가 먹었다 하여 저를 죽이신다면 그것은 사약이 됩니다. 이는 결국 이 약을 바친 자가 군주를 속인 것입니다. 죄 없는 저를 죽여서 군주께서 속았다는 것이 세상에 알려지는 것보다 저를 용서하심이 낫습니다." 그러자 형왕은 결국 그를 죽이지 않았다.

간교한 거짓은 서툰 성실만 못하다

위(魏)나라 장수 악양이 중산국(中山國, 하북성 영수현 일대)을 정벌할 때의 일이다. 마침 악양의 아들이 중산에 가 있었다. 중산의 군주가 그의 아들을 삶은 국을 악양에게 보냈다. 악양은 진중 장막에 앉아서 그것을 다 마셔 버렸다. 위나라 군주인 문후(文侯, 기원전 716~678 재위)가 그 소식을 듣고서 도사찬이라는 신하에게 말했다. "악양이 나 때문에 아들의 고기를 먹게 되었구나." 도사찬이 이에 대답했다. "자기 아들까지 먹었으니 장차 누구인들 먹지 못하겠습니까?" 악양이 중산을 멸망시키고 개선하자, 문후는 그를 포상하면서도 한편으로는 의심했다.

노(魯)나라 대부 맹손이 사냥을 나가 사슴 새끼를 잡았다. 자신의 부하인 진서파를 시켜 그것을 가지고 돌아가게 했는데 그 어미 사슴이 따라오면서 울었다. 진서파는 가엾게 여겨 새끼를 그 어미 사슴에게 돌려보냈다. 맹손이 돌아와서 사슴 새끼를 찾았다. 진서파가 말했다. "제가 차마 볼 수 없어 그 어미에게 돌려주었습니다." 맹손이 크게 노하여 그를 쫓아 버렸다. 석 달이 지나서 그를 다시 불러 아들의 스승으로 삼았다. 시종이 의아하게 생각하여 물었다. "전번에는 쫓아내시더니 지금은 아드님의 스승으로 삼으니 어찌 된 일입니까?" 맹손이 대답했다. "사슴 새끼를 가엾게 여겨 차마 견디지 못하는데 내 아들이 고통을 받을 때는 어떻겠느냐?" 그러므로 간교한 거짓은 서툰 성실만 못하다고 하는 것이다. 악양은 공을 세우고도 의심을 받았지만 진서파는 죄를 짓고도 더욱 신임을 얻었다.

상아 젓가락을 보고 두려워하다

은(殷)나라의 주(紂)가 상아로 젓가락을 만들자 기자가 두려워하며 말했다. "상아로 젓가락을 만들었으니 질그릇에 국을 담아 먹지 않을 것이고, 그러면 반드시 무소의 뿔이나 옥으로 만든 그릇을 사용할 것이다. 또 옥으로 만든 술잔과 상아 젓가락을 사용하면 콩잎으로 만든 국을 담아 먹을 수 없을 것이고, 그러면 털이 긴 소나 코끼리와 표범의 새끼 고기라야만 될 것이다. 게다가 음식이 이처럼 사치스러우면 베옷을 입거나 초가에 살 수 없으니 반드시 비단옷을 겹겹이 입고 고대광실(高臺廣室, 매우 크고 좋은 집)에 살아야만 한다. 여기에 어울리는 것을 구한다면 천하라도 부족할 것이다." 성인은 미세한 것을 보고 조짐을 알며, 실마리를 보고 끝을 안다. 상아 젓가락을 보고 두려워한 것은 천하라도 다 충족시켜 주지 못할 것을 짐작했기 때문이다.

취해서 날짜 가는 것을 알지 못하다

은나라의 주가 밤낮으로 주연을 베풀고 환락에 빠져 날짜 가는 것을 잊어버렸다. 측근에게 물어보니 다 알지 못한다고 했다. 그래서 기자에게 사람을 보내 물어보게 했다. 기자가 그자에게 대답했다. "천하의 주인이 되고서도 온 나라 사람들이 모두 날짜 가는 것을 잊을 정도가 되면 천하가 위태롭게 될 것이오. 온 나라 사람들이 모두 날짜를 모르는데 나만 홀로 안다면 내가 위험해 질 것이오. 내가 취해서 알지 못한다고 전하시오."

맨발로 다니는 월나라 사람들

노나라 사람이 있었는데, 그 자신은 삼실(베)로 신발을 잘 만들고 그 처는 흰 비단을 잘 짰다. 그들이 월나라로 이사하려고 하자, 어떤 자가 그들에게 말했다. "당신들은 반드시 궁핍해질 것이오." 노나라 사람이 그 이유를 물으니 대답했다. "신발은 발에 신기 위한 것인데 월나라 사람들은 맨발로 다니기 때문이오. 또 흰 비단은 관을 만들어 쓰기 위한 것인데 그들은 머리카락을 풀어 헤치고 지낸다오. 당신의 장기가 쓰이지 않는 나라에 가서 살면 궁핍해지지 않을 수 있겠소?"

시집가서 돈을 벌어 온 딸

위(衛)나라 사람이 딸을 시집보내면서 말했다. "반드시 남모르게 돈을 모아 두어라. 남의 집 며느리가 되어 이혼당하는 것은 흔한 일 이며 평생 사는 것은 아주 다행스러운 일이다." 딸은 아버지의 가르 침대로 은밀하게 돈을 모았다. 그 시어머니가 사사롭게 숨긴 돈이 많다고 여겨 내쫓았다. 그런데 딸이 가지고 돌아온 재물이 시집갈 때 가지고 간 재물의 갑절이나 되었다. 그녀의 아버지는 자기 딸을 잘못 가르친 것을 생각지 않고 재산을 늘린 것이 자신의 지혜라고 자랑스 럽게 여겼다. 지금 관직에 있는 자들이 모두 이런 무리들이다.

여지를 남겨 두어야 한다

환혁이라는 조각하는 자가 말했다. "인형의 얼굴을 조각하는 법 은, 코는 되도록 크게 만들고 눈은 되도록 작게 만드는 것이 좋다. 코 가 크면 깎아서 작게 할 수 있으나 작으면 크게 할 수 없다. 또 작은 눈은 도려내어 크게 할 수 있지만 처음부터 크게 만든 눈은 작게 할 수 없기 때문이다." 세상의 일도 마찬가지다. 이후에 고칠 수 있는 여지를 남겨 두면 실패가 줄어들 것이다.

주인을 몰라보고 짖는 개

양주[楊朱, 기원전 440?~360?, 전국 시대의 도가 사상가로 개인주의 사상인 위아설(爲我說)을 주장함]의 동생 양포가 흰색 옷을 입고 외출했는데 비가 내리자 더럽혀질 것을 염려해 검은색 옷으로 갈아입고 돌아왔다. 그런데 집에서 기르던 개가 양포를 알아보지 못하고 짖었다. 양포가 노해 개를 때리려 하자 양주가 말리면서 말했다. "개를 때리지 말게나. 자네라도 마찬가지일 걸세. 만일 이 개가 흰색으로 나갔다가 검은색으로 돌아온다면 자네 또한 이상하게 여기지 않겠는가?"

명궁을 위해 과녁을 잡는 이유

혜자[惠子, 기원전 370~310?, 본명은 혜시(惠施)이며 전국 시대의 정치가이자 명가(名家) 사상가]가 말했다. "활쏘기의 명수인 예(羿)가 깍지를 끼고 어깨띠를 둘러 활을 잡아당기면 평소 관계가 탐탁지 않았던 월나라 사람들도 다투어 과녁을 들고 나설 것이다. 그러나 어린아이가 활을 잡아당기면 그 아이의 어머니라 할지라도 방에 들어가 문을 닫을 것이다." 그러므로 '확실하면 관계가 소원하던 월나라 사람도 예

를 의심하지 않으나 확실하지 못하면 어머니라 할지라도 그 어린아
이를 피하는 것이다.'라고 했다.

돼지 몸에 붙어사는 이들의 다툼

돼지 몸에 붙어사는 세 마리의 이가 서로 말다툼을 하고 있었다.
마침 지나가던 이가 물었다. "다투는 이유가 무엇 때문인가?" 세 마
리 이들이 대답했다. "살찌고 제일 맛있는 곳을 차지하려고 다툰다."
지나가던 이가 걱정스러운 표정으로 말했다. "자네들은 며칠 후면 섣
달인데, 그때가 되면 이 돼지가 불에 익혀져서 제삿상에 올라가게 되
는 것을 걱정하지 않고 무엇을 걱정하는가?" 이 말은 들은 이들은 서
로 다투지 않고 돼지를 물어뜯고 피를 빨아 먹었다. 결국 돼지의 몸
이 여위자 사람들이 바로 죽이지 않았다.

11 관행(觀行, 행동을 살펴라)

11 관행(觀行, 행동을 살펴라)

'관행'이란 남의 행동을 관찰하는 것이다. 여기서는 군주가 상황에 맞추어서 신하의 행동을 살핀다는 뜻이다. 군주가 자신을 돌아보거나 신하들의 행동을 관찰할 때는 마치 거울을 통해 자신의 모습을 비춰 보듯이 객관적인 상황과 형편에 의거해야 한다. 한비자는 이러한 이치를 알고 법률로 나라를 다스리는 방법을 사용한다면 군주가 신하의 행동을 살피는 일이 완벽해진다고 주장한다.

군주는 남을 관찰하더라도
남이 자기를 관찰하게 하지 않는다

옛사람들은 자기 눈으로 자신의 모습을 보기 어렵기 때문에 거울을 가지고 자기 얼굴을 보았으며 자기 지혜로 자신을 알기 어렵기 때문에 도(道)로써 자기를 바로잡았다. 그러므로 거울이 얼굴의 흉터를 보였다 하여 죄가 될 것이 없고 도가 자신의 허물을 밝혔다 하여 원망할 일도 없다. 눈이 있어도 거울이 없다면 수염과 눈썹을 다듬을 수 없고 자신에게 도가 없다면 갈팡질팡할 것이다.

위(魏)나라 신하였던 서문표는 성미가 매우 급해 허리에 부드러운 가죽을 차고 다니면서 마음을 누그러뜨렸으며 진(晉)나라 조씨 가문을 섬기던 동안우는 성격이 느긋해 활시위를 허리에 세게 졸라매고 다니면서 자신을 다잡았다. 이는 여유 있는 것으로 부족한 것을 메우고 긴 것으로 짧은 것을 이어주는 것으로, 이렇게 할 수 있다면 현명한 군주라고 할 수 있다.

천하에는 확실한 원리가 세 가지 있다. 하나는 지혜가 있더라도 공적을 세울 수 없는 경우가 있다. 둘은 힘이 있더라도 들 수 없는 경우가 있다. 셋은 강하더라도 이길 수 없는 경우가 있다. 그러므로 중국 고대의 성군인 요(堯)와 같이 지혜가 있더라도 많은 사람들의 도움이 없으면 큰 공을 세우지 못할 것이고, 진(秦)나라의 오획 같은 장사라 할지라도 남의 도움을 받지 못한다면 제 몸을 들지 못할 것이다. 또한 고대 시대의 장사였던 맹분과 하육 같은 용맹함이 있더라도 법술로 다스리지 못한다면 영원히 승리할 수는 없다. 그래서 형세에 따라 얻을 수 없는 것도 있고 일에 따라 이룰 수 없는 것도 있다.

오획이 삼 만 근이나 나가는 물건을 가볍게 다루면서 자신의 몸을 무거워하는 것은 삼만 근보다 더 무거워서가 아니라 자세가 불편하기 때문이다. 시력이 좋기로 소문난 이주가 백 걸음 밖에 있는 것을 쉽게 보면서도 제 눈썹을 보기 어려웠던 것은 백 걸음은 가깝고 눈썹이 멀어서가 아니라 이치상 할 수 없었기 때문이다. 그러므로 현명한 군주는 오획이 제 몸을 들지 못한다고 해서 책망하지 않으며, 이주가 제 눈썹을 보지 못한다고 해서 비난하지 않는다. 가능한 형세를 따르면 쉬운 방법을 구할 수 있으므로 힘을 적게 쓰고도 공명을 세울 수 있다.

시세(時勢, 당시의 형세나 세상의 형편)에는 충족될 때와 헛일이 될 때가 있고 사정에는 이로울 때와 해로울 때가 있으며 사물에는 생과 사가 있다. 군주가 이 세 가지 때문에 기쁘다거나 노여워하는 기색을 나타낸다면 절개가 굳은 벼슬아치라도 마음이 그 군주에게서 떠날 것이고, 성현의 가르침을 받은 무리들도 군주의 심중을 의심해 헤아릴 것이다. 그러므로 현명한 군주는 남을 관찰하더라도 남이 자기를 관찰하게 하지 않는다. 요가 홀로 이룰 수 없었고 오획이 제 몸을 들 수 없었으며 맹분과 하육이 영원히 승리할 수 없었던 이치를 명확히 이해하고 법술로 다스리면, 신하의 행동을 관찰하는 방법이 완전하게 갖추어 지는 것이다.

✤ 군주의 지위는 야심을 품은 측근과 신하에 의해 늘 위협을 받는 위치다. 그래서 항상 경계를 해야 한다. 군주의 지위를 확실하게 지키기 위해서는 자신의 행동은 물론 신하의 행동도 살펴야 한다. 이는 주관적인 감정에 의한 것이 아니라, 객관적인 원칙에 의거하여 해야 한다는 것이다. 여기서 객관적인 원칙이란 객관적인 정세와 상황에 맞게 판단해야 한다는 원칙을 말한다. 비록 힘이 있고 덕이 있더라도 모두 이룰 수는 없기 때문에 신하를 판단하더라도 그가 처한 정황을 먼저 살펴야 한다는 의미다.

그러고 나서 공평무사한 '법'과 군주의 명철한 통치술을 보이게 되면 신하들은 자연히 그 본래의 속마음을 드러내기 마련이라는 것이다. 군주는 또한 객관적인 위엄을 내세우기 위해 속내를 함부로 드러내서는 안 된다는 점을 강조하고 있다.

12 저설 I (儲說, 모아 놓은 이야기들 I)
– 칠술(七術)

12 저설 I (儲說, 모아 놓은 이야기들 I) - 칠술(七術)

'저설'이란 모아 둔 이야기, 또는 이야기 모음이란 뜻이다. 군주에게 의견을 제시하려고 준비한 일종의 자료집으로 많은 설화를 모아서 주제별로 정리했다. 이 저설은 다시 내저설과 외저설로 나눠 내저설에 상하 2편, 외저설은 4편으로 구분했는데, 여기서는 내저설 2편과 외저설 1편만 골라 편집했다. 그 가운데 내저설 상편인 '칠술'은 군주가 나라를 통치하면서 신하들을 통제하는 일곱 가지 방법[경(經)]을 제시하고 그에 해당하는 여러 가지 사례[전(傳)]를 들어 설명하고 있다. 하지만 편의상 칠술의 방법론인 경과 사례인 전을 하나로 묶어 놓는다.

군주가 사용해야 할 술책에는 일곱 가지가 있으니 아래와 같다.

1. 드러난 일의 단서를 모아 대조해 보라 [참관(參觀)]

군주가 신하들의 행동을 보거나 의견을 듣는 데 있어 여러 단서들을 모아 대조해 보지 않으면 진실을 파악할 수 없고, 한 사람의 의견만 듣는다면 신하들은 군주의 이목을 가리게 될 것이다. 그런 사례로 아래와 같은 이야기들이 있다.

위(衛)나라 영공(靈公, 기원전 534~493 재위) 때 미자하가 총애를 받아 국정을 전횡했다. 그러던 어느 날 한 난쟁이가 영공을 찾아와서 말했다. "저의 꿈이 맞습니다." 영공이 궁금해서 물었더니 난쟁이가 대답했다. "꿈에 부엌 아궁이를 보았더니 이렇듯 군주를 알현하기 위한 징조였습니다." 영공이 노하여 말했다. "내가 듣건대 군주를 만나려는 자는 꿈에 태양을 본다고 한다. 그런데 너는 어찌 보잘것 없이 아궁이를 보고 나를 만났다고 하느냐? 무엄하구나." 난쟁이가 다시 말했다. "태양은 온 천하를 두루 비추어 주는 것이므로 한 물건으로는 가로막을 수 없습니다. 군주도 온 나라 안을 두루 비추기 때문에 한 사람만으로는 가릴 수 없습니다. 그래서 군주를 알현하려는 자는 먼저 태양을 꿈꾸는 것입니다. 그런데 부엌 아궁이는 한 사람이 불을 지피고 있으면 그 뒷사람은 그 불빛을 보지 못합니다. 지금 혹시 어떤 사람이 군주 앞에서 불을 지피고 있습니까? 그렇다면 제가 꿈에서 부엌 아궁이를 본 것도 전혀 근거가 없는 것이 아니겠군요."

제나라의 어떤 사람이 군주에게 말했다. "물의 신 하백(河伯)은 위대한 신입니다. 군주께서 어찌 그를 만나려 하지 않습니까? 제가 군주께서 한번 만나볼 수 있도록 해 드리고 싶습니다." 얼마 지나서 큰 강가에 제단을 만들고 군주와 함께 서 있었다. 잠시 후 큰 물고기가 모습을 나타냈다. 그러자 바로 말했다. "하백입니다."

위(魏)나라의 신하인 방공이 태자를 수행해 조(趙)나라의 도읍 한단(邯鄲, 하북성 한단현)에 인질로 잡혀 가기 전에 위나라의 군주에게 물었다. "만약 어떤 한 사람이 시장에 호랑이가 나타났다고 한다면 군주께서 그 말을 믿으시겠습니까?" 군주가 대답했다. "믿을 수 없다." 방공이 다시 물었다. "그럼 두 사람이 시장에 호랑이가 나타났다고 한다면 군주께서 그 말을 믿으시겠습니까?" 군주가 대답했다. "역시 믿을 수 없다." 방공이 또 물었다. "그러면 세 사람이 시장에 호랑이가 나타났다고 한다면 군주께서 그 말을 믿으시겠습니까?" 군주가 대답했다. "나도 그것을 믿게 될 것이다." 방공이 이에 말했다. "시장에 호랑이가 나타나지 않는다는 것은 분명합니다. 그런데 세 사람이 말하자 호랑이가 나타난 것으로 되었습니다. 지금 한단은 위나라와의 거리가 시장보다 훨씬 멀고 저에 대해 이러쿵저러쿵 말하는 자는 세 사람이 넘을 것입니다. 바라옵건대 군주께서 이를 깊이 살펴 주십시오." 그 후 방공이 한단으로부터 돌아왔으나 위나라의 군주는 여러 신하의 말에 현혹되어 끝내 만나 주지도 않았다고 한다.

2. 죄지은 자를 반드시 벌주어 위엄을 내세워 보여라 [필벌(必罰)]

군주가 인정이 많으면 법령이 시행되지 않으며 위엄이 부족하면 하극상을 당한다. 따라서 형벌이 확실하게 내려지지 않으면 금지령은 실행되지 않는다. 그 사례로 아래와 같은 이야기가 있다.

정(鄭)나라의 재상 자산이 병들어 죽으려고 하자 대부 유길에게 말했다. "내가 죽은 뒤에 자네가 정나라를 다스리게 될 것이다. 그때 반드시 엄한 자세로 사람들을 다스려야 한다. 불은 그 형세가 무섭게 보이므로 사람이 적게 타 죽고 물은 형세가 부드러워 보이기에 사람이 많이 빠져 죽는다. 그러니 형법을 엄밀하게 해서 자네의 유약함에 빠져 죽는 사람이 없도록 하게."

그러나 자산이 죽은 뒤 유길은 그의 지시를 따르지 않았다. 젊은이들이 패거리를 지어 도둑이 되고 늪지를 근거지로 하여 반란을 일으키려고 했다. 유길은 병거(兵車)와 기병(騎兵)을 이끌고 싸워 꼬박 하루 걸려 이길 수 있었다. 유길이 탄식하며 말했다. "내가 일찍부터 자산 어르신의 가르침을 따랐다면 이 지경에 이르러 후회하지 않았을 것이다."

은나라 법에는 길바닥에 재를 버리는 자에게 형벌을 내리는 규정이 있었다. 공자의 제자 자공이 너무 가혹하다고 생각해 공자에게 물었다. 이에 공자가 대답했다. "나라를 다스리는 방법을 안다고 할 수 있다. 길에 재를 버리면 바람에 날려 사람의 몸에 붙을 것이고, 그러면 그 사람은 화를 낼 것이다. 화를 내면 싸우게 된다. 싸우면 반드시 온 집안이 서로 해를 입히고 죽이게 된다. 따라서 길에 재를 버리는 일이 온 집안에 해를 입히고 서로 죽이는 원인이 되니 형벌을 내릴 만한 충분한 이유가 된다. 형벌이란 사람들이 싫어하는 것이며 재를 버리지 않는 것은 쉬운 일이다. 사람들에게 쉬운 일을 지키게 해서 싫어하는 형벌에 걸리지 않게 하는 것이 바로 나라를 잘

 공자
유학의 창시자다. 최고의 덕을 인(仁)으로 보고 극기복
례(克己復禮), 즉 자기 자신을 이기고 예에 따르는 삶을
살 것을 주장했다. 도덕적으로 각성한 군자가 사회를
경영하는 문명국가를 꿈꾸었다.

▶ 자공
춘추 시대 위나라의 유학자. 공자의 뛰어난 10명의
제자 중 한 사람으로 언어에 뛰어났다. 제나라가 노나
라를 치려고 할 때 공자의 허락을 받고 오나라와 월나
라를 설득하여 노나라를 구했다고 한다.

다스리는 길이다."

제나라 사람들은 장례식을 성대하게 치르는 것을 좋아해 나라 안의 삼베와 비단은 거의 시체를 싸는 수의로 사용되고 재목은 대부분 관을 만드는 데 사용되었다. 제나라 군주인 환공이 이를 염려해 관중에게 물었다. "삼베와 비단을 전부 사용하면 의복을 만들 수 없고 재목을 탕진하면 수비하는 시설을 만들 수 없소, 그런데도 사람들이 장례식을 성대하게 하려 하니 이를 금지하려면 어떻게 해야 하오?" 관중이 대답했다. "사람이 어떤 일을 하는 것은 명예 아니면 이익 때문입니다." 이 말에 환공이 곧 명령을 내렸다. "관을 지나치게 장식하면 그 시체를 꺼내 욕보이고 상주를 처벌하겠다." 시체를 파헤치는 것을 명예롭지 못한 일이고 상주가 처벌되는 것은 이롭지 못한 일이니 어떤 사람이 이 일을 하겠는가?

3. 공적이 있는 자에게 반드시 상을 주어
그 재능을 충분히 다하게 하라 [상예(賞譽)]

군주가 아랫사람에게 칭찬과 상을 주는 것에 인색하면 일을 하지 않으며 칭찬과 상을 후하게 줄 경우에는 목숨을 아끼지 않는다. 그런 사례는 다음과 같다.

월나라 군주인 구천이 대부 문종에게 물었다. "내가 오나라를 치려는데, 잘 되겠소?" 문종이 대답했다. "물론입니다. 제가 틀림없이 상을 후하게 주고 반드시 벌을 엄하게 행하겠습니다. 군주께서 그것을 확인해 보시길 원하신다면 궁궐에 불을 질러 보십시오." 그래서 일부러 궁궐에 불을 질렀으나 그것을 끄려는 사람이 아무도 없었다. 월나라 군주가 명령했다. "불을 끄다가 죽은 자는 전쟁터에서 전사한 자에 해당하는 상을 주고, 불을 끄고 죽지 않은 자는 적에게 승리한 자에 해당하는 상을 줄 것이다. 그러나 불을 끄지 않은 자는 적에게 항복하거나 패배한 자에 해당하는 벌을 내릴 것이다." 그러자 화상을 입지 않으려고 몸에 진흙을 바르고 물에 젖은 옷을 입고 불길 속으로 달려가는 사람들이 육천 명이나 되었다. 이를 보고 월나라 군주는 오나라와 싸워 이길 수 있다고 확신했다.

월나라의 군주 구천이 잔뜩 성이 난 개구리를 보고 수레 위에서 개구리를 향해 예를 갖추었다. 곁에 있던 시종이 이상하게 여겨 그 이유를 물었더니 구천이 되물었다. "개구리의 기상이 당당하구나. 어찌 예를 갖추지 않을 수 있겠느냐?" 이 말을 들은 월나라 무사들이 말했다. "우리 군주께서 기상이 있으면 개구리에게도 예를 갖추는데 하물며 사람에게는 더할 나위가 없을 것이다."

이 일이 있은 다음 해에 사람들 가운데 스스로 목을 베어 바치는 자도 있었다. 이에 월나라 군주는 오나라에 복수하기로 결심하고서 자신의 군령이 어느 정도 시행되는가를 시험해 보기로 했다. 그리하여 누각에 불을 지르고 북을 치며 격려하자 사람들이 용감하게 불길 속에 돌진했는데, 이는 그렇게 하면 상을 탈 수 있었기 때문이다. 또 강가에서 북을 치면 사람들이 두려워하지 않고 물속으로 뛰어들었는데, 그것도 역시 상을 받을 수 있었기 때문이다. 전투가 벌어져 머리가 잘리고 배가 갈라지더라도 도망치지 않는 것은 상을 바라는 마음에서였다. 개구리에게 예를 갖추는 것과 같은 작은 술수로도 사기를 고무시키는 것이 이와 같은데, 하물며 군주가 법에 의거하여 현명한 자를 등용한다면 그 효과가 이보다 훨씬 더할 것이다.

4. 일일이 말을 들어서 그 실적을 추궁하라 [일청(一聽)]

군주가 하나하나 의견을 들어서 판단하면 우매한 신하와 현명한 신하를 구분할 수 있다. 또 신하로 하여금 실적을 추궁하여 따지면 무능한 자를 가려낼 수 있다. 그 사례는 아래와 같다.

제나라 선왕(宣王, 기원전 319~301 재위)이 사람을 시켜 피리를 불게 할 때에는 반드시 삼 백 명이 동시에 연주토록 했다. 성곽 남쪽에 살던 선비들이 피리를 잘 분다고 자청했고 선왕은 기뻐하여 관청에 있는 쌀을 수백 명에게 주었다. 선왕이 죽고 민왕(湣王, 기원전 300~순요 재위)이 즉위했다. 그가 한 사람씩 연주하는 것을 즐겨 듣자 선비들은 실력이 탄로 날 것을 염려해 모두 달아나 버렸다. 일설에는 한나라의 군주인 소후(昭侯, 기원전 362~333 재위)가 "피리 부는 자가 많아서 나는 그 중에 누가 잘 부는지 알아낼 수 없다."라고 하자, 전엄이라는 사람이 "한 사람씩 불게 하면 알 수 있을 것입니다."라고 말했다고 한다.

한, 위, 제 세 나라의 군대가 진(秦)나라의 동쪽 관문인 함곡관(函谷關, 하남성 영보현 서남 지역)으로 진격해 오자 진나라 소양왕(昭襄王, 기원전 307~251 재위)이 재상인 누완에게 의견을 물었다. "세 나라의 군대가 나라 깊숙이 공격해 들어왔소. 나는 하동[河東, 황하(黃河) 동쪽 지역] 땅을 떼어 주고 강화를 맺고 싶소. 어떻게 하는 것이 좋겠소?" 누완이 대답했다. "하동을 떼어 주는 것은 큰 손실이지만 나라의 위기를 구할 수 있는 큰 공입니다. 이는 왕족들이 책임져야 할 문제입니다. 군주께서는 공자(公子) 사(檕)를 불러 상의하십시오." 소양왕이 공자 사를 불러들여 이 일을 말하니 공자 사가 간언했다. "강화를 하든 말든 군주께서는 후회하실 것입니다. 지금 하동을 떼어 주어 세 나라 군대가 철수하면, 군주께서 '이렇게까지 하지 않았어도 그들이 철수했을 텐데 공연히 주었구나.' 하고 후회하실 것입니다. 그러나 하동을 아껴 강화하지 않는다면 세 나라는 공격을 멈추지 않을 것이므로 도성이 함락당할 것입니다. 그러면 군주께서는 강화하지 않았기 때문이라 여겨 후회하실 것입니다. 그래서 신은 강화의 성립 여부에 관계없이 군주께서 후회하실 것이라고 말씀드리는 것입니다." 그러자 소양왕이 말했다. "내가 후회할 바에는 차라리 하동을 잃고 후회하지 도성을 위태롭게 하여 후회하는 일은 하지 않겠소. 강화하기로 결단을 내리겠소."

5. 일부러 속임수를 써라 [궤사(詭使)]

군주가 선비들을 자주 만나 보고 오랫동안 기다리게 하다가 등용하지 않으면 간악한 자는 겁을 먹고 사슴처럼 흩어질 것이고, 신하에게 임무를 맡기면서 다른 일을 질문하면 간사한 일을 도모할 수 없게 될 것이다.

송나라의 재상인 대환이 밤중에 하인에게 심부름을 시키면서 말했다. "소문에 의하면 밤마다 남의 눈을 피해 덮개 씌운 수레가 감옥을 맡은 관리의 집에 드나든다고 하니, 주의해서 그 집의 동정을 살피고 오너라." 얼마 후 하인이 돌아와 보고했다. "덮개를 씌운 수레는 보이지 않았지만 상자를 들고 와서 옥리와 이야기하는 자가 있었습니다. 얼마 있다가 옥리가 그 상자를 받는 것을 보았습니다." 이 이야기는 송나리의 재상 대환이 일부러 수레에 대한 말을 꺼내 하인으로 하여금 염탐하게 한 다음 하인이 살펴본 바를 사실대로 보고하는지를 살폈다는 뜻이다.

송나라의 재상이 젊은 측근을 시켜 시장에 가보도록 시켰다. 그가 돌아오자 물었다. "시장에 가서 무엇을 보았느냐?" 측근이 대답했다. "아무것도 본 것이 없습니다." 재상이 다시 물었다. "그래도 무엇인가 본 것이 있지 않겠느냐?" 측근이 다시 대답했다. "시장의 남문 밖에 우마차가 너무 많아서 통행하기 힘들었습니다." 재상은 측근에게 입단속을 다짐시키고 시장에서 거래를 감독하는 관리를 불러 책망하면서 물었다. "시장의 남문 밖에 어찌해서 소똥이 많은가?" 시장 관리는 재상이 이 사실을 빨리 안 것을 괴이하게 여기고 두려워하여 자기 직무에 힘썼다고 한다.

6. 알고 있는 사실을 모르는 척하며 질문하라 [협지(挾智)]

이미 알고 있는 사실을 모른 체하며 물으면 알지 못했던 것도 알게 되며, 한 가지 사물을 깊이 탐구하여 알게 되면 신하들은 두려워 감히 숨기지 못하므로 모든 비밀이 드러난다. 그 사례는 다음과 같다.

한나라의 군주인 소후(昭侯, 기원전 362~333 재위)가 자른 손톱을 손 안에 쥐고는 일부러 손톱 한 개를 잃은 척하며 빨리 찾아내라고 재촉했다. 그러자 좌우 측근들이 제 손톱을 잘라 찾았다고 하며 바쳤다. 소후는 이것으로 측근의 성실 여부를 살필 수 있었다.

소후가 각 지방에 관리를 보내 사정을 파악해 오라고 지시했다. 관리가 시찰을 마치고 돌아와 보고했다. 소후가 물었다. "무엇을 보았느냐?" 관리가 대답했다. "본 것이 없습니다." 소후가 다시 물었다. "무엇인가 본 것이 있을 텐데." 관리가 대답했다. "남문 밖에서 누런 송아지가 길 왼쪽의 벼 모종을 먹고 있었습니다." 소후가 관리에게 이 사실을 누설하지 말 것을 주의시키고 명령을 내렸다. "모를 낼 시기에 소나 말이 남의 밭에 들어가지 못하게 금지한 것은 고유한 법령이다. 그런데 관리들이 직무에 태만하여 소나 말이 남의 밭으로 들어가는 일이 빈번하다. 속히 그 숫자를 조사하여 보고하라. 그렇지 않으면 중죄에 처하겠다." 이에 동쪽과 서쪽, 그리고 북쪽 지방에서 조사해 보고를 올렸다. 그러나 소후가 말했다. "아직 미진하다." 다시 가서 살피니 과연 남문 밖에서 누런 송아지를 발견할 수 있었다. 관리들은 소후가 통찰력이 명확하다고 여겼으며, 모두 그를 두려워해 직무에 힘쓰고 감히 비행을 저지르지 못했다.

7. 일부러 말을 뒤집어서 하고 행동을 반대로 하라 [도언(倒言)]

일부러 말을 뒤집어서 하고 행동을 반대로 하여 의심스러운 것을 시험하면 간악한 일의 실정을 알게 된다.

자지가 연(燕)나라 재상으로 있을 때 자리에 앉아서 일부러 거짓말로 물었다. "지금 문밖으로 달려간 것이 백마가 아니냐?" 좌우 측근들은 아무것도 보지 못했다고 말했다. 그런데 어떤 한 사람이 쫓

아갔다가 확인하는 시늉을 하고선 돌아와서 말했다. "백마가 맞습
니다." 자지는 이 일로 주위에 있는 자들에게 성실과 신의가 없다는
것을 알았다.

13 저설Ⅱ(儲說, 모아 놓은 이야기들Ⅱ)
-육미(六微)

13 저설 Ⅱ (儲說, 모아 놓은 이야기들Ⅱ) - 육미(六微)

'육미'는 군주의 권력이 위태로워지는 여섯 가지의 조짐이라는 뜻이다. 한비자는 군주와 신하의 관계를 대립 관계로 파악했다. 그러므로 군주가 위태로워진다는 것은 신하가 권력이나 이익을 취한다는 뜻이다. 그러므로 '육미'란 군주가 미리 경계해야 할 신하의 은밀한 여섯 가지 행동거지라고도 할 수 있다. 한비자는 이 여섯 가지에 싸우지 않고 가만히 앉아서 이기는 '묘공'을 덧붙여 '저설 상'과 짝을 맞추어서 7가지 항목을 만들었다. 이곳 역시 편의상 경과 전을 하나로 묶었다.

군주의 권력이 위험해지는 여섯 가지 조짐과 현명한 군주가 싸우지 않고 이기는 묘공은 아래와 같다.

1. 군주의 권력을 신하에게 넘겨주는 일이다 [권차(權借)]

군주의 권력은 남에게 빌려줄 수 없는 것이다. 군주가 자신이 가지고 있는 권력 가운데 하나라도 잃게 되면 신하는 이를 이용해 백배의 이익을 취할 것이다. 그러므로 신하가 군주의 권력을 빌리게 되면 그 힘이 강해질 것이고 그렇게 되면 조정의 안과 밖이 그를 위해 이용될 것이다. 이렇게 되면 군주의 눈과 귀는 닫히게 된다. 이런 이야기는 노자가 말한 놓쳐 버린 물고기 이야기에서도 알 수 있다.

권력이란 군주에게 연못과 같은 것이고 신하란 그 권력 속의 물고기와 같은 것이다. 물고기가 연못에서 빠져나오면 다시 돌이킬 수 없듯이, 군주가 권력을 신하에게 빼앗기면 다시 돌려받지 못한다. 그래서 노자는 직접 말하지 않고 물고기에 비유한 것이다. 상과 벌은 날카로운 무기와 같다. 군주가 이것을 손에 쥐고 있으면 신하를 제어할수 있고 신하가 이것을 사용하게 되면 군주의 이목을 막아 버린다. 그러므로 군주가 상 줄 대상을 미리 내비치면 신하는 자기 은덕인양행세하며, 군주가 벌 줄 대상을 미리 내보이면 신하는 그것을 이용해위세를 부린다. 그러므로 노자는 "나라를 다스리는 날카로운 무기를남에게 보여서는 안 된다."라고 말한 것이다.

2. 군주와 신하의 이익이 서로 달라 외국의 힘을 빌리는 일이다
[이이(利異)]

군주와 신하의 이익은 서로 다르므로 신하 가운데 진정한 충신이없는 것이다. 따라서 신하에게 이익이 생기면 군주의 이익은 사라지는 것이다. 이 때문에 간신은 적국의 군대를 불러들여 국내의 경쟁자를 제거하며 외교 문제를 거론해 군주를 현혹시킨다. 진실로 그들은사적인 이익만을 추구해 나라의 재난을 돌아보지 않는다. 이런 사례는 아래와 같다.

월나라 군주인 구천이 오(吳)나라를 쳐부쉈다. 구천은 오나라 군주인 부차(夫差)가 용서를 빌고 항복했으므로 이를 허락하려고 했다. 그러나 재상인 범려와 대부 문종이 간언했다. "안 됩니다. 지난날 회계산 전투에서 하늘이 월나라를 오나라에게 내주었으나 오나라가 받지 않았습니다. 지금 하늘이 부차에게 보복하는 것이니 하늘에 두 번 절하고 받아야 합니다. 결코 용서해서는 안 됩니다."

마침 오나라의 재상 백비가 문종에게 서한을 보내 말했다. "속담에 날쌘 토끼가 다 잡히면 훌륭한 사냥개도 삶아 먹히고[토사구팽(兎死狗烹)] 적국이 멸망하면 계략을 꾸미던 신하도 버림받습니다. 그러니 대부께서 오나라를 용서하자고 하여 월나라의 근심거리가 되게 하고, 그 지위를 누리는 것이 상책입니다." 문종은 그 서한을 받아 읽고 크게 탄식하며 말했다. "서한을 가져온 사신을 죽여라. 내가 버림받는 것은 분명한 일이다. 그러나 내 지위가 확고해진다 해도 장차 오나라가 월나라를 정벌한다면 나라의 존립이 위태로울 것이니, 내 목숨도 끝난 것이 아닌가?"

3. 신하가 유사한 일을 들어 군주를 속이는 일이다 [사류(似類)]

신하가 유사한 일을 들어 군주를 속이면, 군주는 실수로 다른 신하를 처벌하게 되고 신하는 사적인 이익을 챙기게 된다.

제나라 대부 이사가 군주의 술시중을 들었다. 취기가 심해 회랑의 문에 기대어 쉬고 있었다. 마침 발뒤꿈치를 베이는 월형을 당해 절

▲ 범려
월나라의 왕 구천의 신하로 지략이 뛰어나서 오
나라를 멸망시키는 데 큰 공을 세웠다.

름발이가 된 문지기가 다가와 남은 술을 청하자 이사가 노해 말했다. "물러가거라. 죄인 주제에 감히 윗사람에게 술을 달라고 한단 말이냐." 문지기가 물러나 그 자리를 피해 달아났다. 이사가 나가 버리자 문지기가 그 틈을 타서 회랑 문 아래에 물을 뿌려 소변을 본 모양을 만들었다. 이튿날 군주가 나와 그것을 보고 호통을 치며 물었다. "누가 감히 여기에 소변을 보았느냐?" 문지기가 대답했다. "저는 아무것도 보지 못했습니다. 다만 어제 대부 이사가 여기에 서 있었습니다." 이 말을 들은 군주는 이사를 베어 죽였다.

4. 군주와 신하의 이해가 상반되는 일이다 [유반(有反)]

어떤 일이 발생했을 경우 이익을 얻는 자가 있다면 바로 그 자가 그 일의 주관자며, 손해를 보는 자가 있다면 입장을 바꿔 누가 이익을 얻고 있는가를 살펴야 한다. 그러므로 현명한 군주는 나라에 손해가 되는 일에 대해서는 그 일로 이익을 얻는 자를 살피고, 어떤 신하가 손해를 입게 되면 그 일로 이익을 얻는 자를 살펴야 한다. 이런 예는 아래에서도 확인할 수 있다.

진(晉)나라 문공에게 주방장이 구운 고기를 올렸는데 머리카락이 붙어 있었다. 문공이 주방장을 불러 꾸짖으며 물었다. "너는 내 목을 막히게 하려는 것이냐? 어찌하여 구운 고기에 머리카락을 넣었느냐?" 주방장은 머리를 조아리고 재배하며 대답했다. "저는 사형에 해당하는 죄를 세 번이나 저질렀습니다. 하나는 숫돌에 칼을 예리하게 갈았으나 고기만 썰고 머리카락은 자르지 못한 죄입니다. 둘은 고기를 나무 꼬치에 끼우면서도 머리카락을 발견하지 못한 죄입니다. 셋은 화로에 고기가 다 익도록 구웠으나 머리카락은 태우지 못한 죄입니다. 이러한 점을 미루어 볼 때, 혹시 아랫사람들 중에 저를 질투하는 자가 있어 몰래 꾸미지 않았겠습니까?" 문공이 진상을 파악했더니 과연 그대로여서 그자를 처벌했다.

5. 신하들의 세력이 비슷해 내분이 생기는 일이다 [참의(參疑)]

여러 신하들의 권력과 위상이 대등하거나 비슷하면 내란이 일어나는 원인이 되므로 현명한 군주는 신중하게 살펴야 한다.

초나라 성왕(成王, 기원전 672~626 재위)이 아들 상신(商臣)을 태자로 정했으나 후에 공자 직(職)에게 물려주려고 했다. 상신은 그 소문을 들었으나 아직 확인하지 못했으므로, 확인할 수 있는 방법을 사부 반숭에게 물었다. 반숭이 대답했다. "강(江) 나라로 시집간 고모 강미를 초대해 주연을 베풀면서 일부러 무례하게 대해 보십시오." 상신이 지시한 대로 했더니 강미가 성을 내며 말했다. "네가 이리 천박스러우니 군주께서 너를 폐하고 공자 직을 태자로 세우려는 것이구나." 이에 상신은 자신을 태자 자리에서 폐하려는 사실을 확인했다. 반숭이 상신에게 태자 자리에서 물러나거나 외국으로 망명할 의향이 있는지 물었으나 이를 모두 거절하고 숙소에 있던 군사를 일으켜 성왕을 공격했다. 성왕은 구원병이 도착할 시간을 벌 요량으로 곰 발바닥 요리를 먹고 나서 죽게 해 달라고 청했다. 그러나 그 청이 받아들여지지 않자 마침내 자살하고 말았다.

6. 적국이 신하의 파면과 등용에 관여하는 일이다 [폐치(廢置)]

적국이 힘쓰는 것은 상대국의 군주를 현혹시키고 사치스러운 풍조를 조장하는 것이다. 군주가 이를 알아차리지 못하면 적국이 신하의 임명과 파면을 간섭하게 된다.

정나라 환공(桓公, 기원전 806~771 재위)이 회(鄶)나라를 습격하려고 했다. 그래서 먼저 회나라의 호걸, 충신, 변설가, 용감한 선비들의 이름을 물어서 명단을 만들었다. 그러고는 장차 회나라에서 좋은 토지를 골라 그들에게 줄 뇌물과 관직 명칭을 기입한 장부를 만들게 했다. 그리고 일부러 성문 밖에 제단을 설치해 그 장부를 묻고 닭과 돼지의 피를 뿌려 마치 맹약을 한 것처럼 꾸몄다. 이윽고 회나라의 군주는 내란을 도모하는 것으로 여겨 훌륭한 신하들을 모두 잡아들여 죽였다. 환공은 이 틈을 타서 회나라를 습격해 차지하게 되었다.

7. 싸우지 않고 묘당에서 적을 이기는 방법 [묘공(廟攻)]

내분을 일으키는 참의(參疑)와 적국의 간섭을 방치하는 폐치(廢置)의 일에 대해 현명한 군주라면 국내에서는 방지하고 국외에서는 시행되도록 만든다. 적국에 있는 신분이 낮은 자에게는 자금을 보내 주고 세력이 약한 자에게는 도움을 줘서 강하게 만든다. 이것이 바로 묘당[廟堂, 군주와 신하들이 정치를 논의하는 곳, 조정(朝廷)] 안에서의 계략만으로 적을 이기는 '묘공'이다. 안으로 신하들의 언행을 대조해 판단하고[참오(參伍)] 밖으로 첩보 활동[관청(觀聽)]을 행한다면 적국의 속임수를 간파할 수 있다.

이런 사례로는 진(秦)나라의 한 난쟁이 이야기가 있다. 이 난쟁이는 초나라 군주와 교분이 두터웠고, 그 측근과도 은밀하게 교류했으며 자기 나라에서는 혜문왕(惠文王, ?~기원전 311 재위)의 신임도 받았다. 그래서 초나라에서 어떤 계략이 있으면 그가 항상 먼저 듣고 혜문왕에게 보고했다.

14 저설Ⅲ(儲說, 모아 놓은 이야기들Ⅲ)

14 저설Ⅲ(儲說, 모아 놓은 이야기들Ⅲ)

외저설은 내저설의 내용을 보완하기 위해 현명한 군주가 지켜야 할 여섯 가지 원칙을 나열하고 그에 대한 사례를 들었다. 이런 원칙과 사례는 크게 보면 한비자가 주장했던 법술의 방법과 크게 어긋나지 않는다. 그래서 주로 내용도 신하들이 하는 말의 거짓이나 과장, 그 맡은 일의 효율성과 성과 등을 신중하게 파악하라는 것과 공평한 상벌과 솔선수범, 그리고 신의 있는 행동 등에 초점을 맞추고 있다. 여기서는 구체적인 사례를 중심으로 재구성했다.

수레바퀴의 마구리만 못한 나무 연

묵자[墨子, 기원전 470?~391?, 춘추 전국 시대의 송나라 출신의 철학자로 이름은 '적(翟)'이다]가 나무로 솔개(새 모양의 연)를 만드는 데 삼 년이 걸렸지만 그것을 날리자 하루 만에 부서지고 말았다. 이를 본 제자가 말했다. "선생님의 솜씨가 나무 솔개를 날게 할 수 있는 경지에 도달했습니다." 묵자가 이에 대답했다. "나는 수레바퀴를 연결하는 나무인 마구리를 만드는 자의 재주만도 못하다. 그는 짧은 나무를 사용해 반나절도 걸리지 않고 만들어 내어 서른 섬이나 되는 무거운 짐을 운반한다. 멀리 갈 만큼 힘이 강해 몇 년이나 쓸 수 있다. 그런데 지금 나는 솔개 만드는 데 삼 년이나 걸렸지만 하루 날리고 부서지고 말

▲ 묵자
춘추 전국 시대 제자백가 중 묵가의 대표적 인물이
다. 전쟁을 반대하고 차별 없는 사랑을 주장하여
평화가 유지되는 공동체를 실현하고자 노력했다.

았다."혜자(惠子, 기원전 370?~310?, 전국 시대의 송나라 사람으로 정치가이자 사상가)가 이 말을 전해 듣고 말했다. "묵자는 뛰어난 솜씨를 지닌 사람이다. 왜냐하면 수레바퀴의 마구리를 만드는 일을 훌륭하다고 하면서 나무로 연을 만드는 자기의 솜씨를 졸렬(拙劣, 서투르고 보잘것없음)하다고 했기 때문이다."

흰말은 말이 아니다

아열은 송나라의 대부로 변설을 잘 하는 자였다. 그는 '흰말은 말이 아니다[백마비마(白馬非馬)].'라는 설을 지지해 제나라 직하[稷下, 지금의 산동성(山東省) 임치현(臨淄縣) 서남 지역에 있는 직산(稷山) 아래 제나라의 도성이 있었는데, 학술을 토론하는 학자가 많았다고 한다]에 모인 변설가들을 설복시켰지만 흰말을 타고 관문을 통과할 때는 흰말에 부과된 세금을 내야만 했다. 그러므로 허황된 말로 한 나라의 변설가들을 이길 수는 있었지만 사실에 근거하여 정황을 살필 경우에는 한 사람의 관문지기도 속일 수 없는 법이다.

고름을 빨아 준 장수

오기가 위(魏)나라의 장수가 되어 중산국을 쳤을 때, 병사들 중에 종기가 심한 자가 있었다. 오기가 무릎을 꿇고 앉아 입으로 종기의 고름을 빨아 주었다. 그 병사의 어머니가 이 말을 듣고 그 자리에서 통곡을 했다. 어떤 자가 물었다. "장군께서 당신의 자식을 그토록 아껴 주시는데 오히려 우니 어찌된 일이오?" 그녀가 대답했다. "오기가 그 애 아비의 고름도 빨아 준 적이 있소. 그 아비는 장군의 은혜에 감격해 죽음을 무릅쓰고 싸우다가 죽었다오. 이제 그 자식도 죽게 될 것이니 슬퍼서 우는 것이오."

도깨비 그리기가 가장 쉽다

등용을 기다리며 머물던 식객 중에 제나라의 군주를 위해 그림을 그리는 자가 있었다. 제의 군주가 묻기를 "그림을 그리는 데 어느 것이 가장 어려운가?"라고 물었다. 식객이 대답했다. "개와 말이 가장 그리기 어렵습니다." 군주가 다시 묻기를 "그럼 어느 것이 가장 쉬운가?"라고 했다. 식객이 이에 대답했다. "도깨비가 가장 쉽습니다. 개나 말은 사람들이 알고 있는 것이고 늘 보는 것이기 때문에 똑같이 그려야 하니 어렵습니다. 그러나 도깨비는 형체가 없는 것이고 눈에 보이지도 않기 때문에 쉽습니다."

긴 갓끈을 자른 군주

추(鄒)나라의 군주가 긴 갓끈 매는 것을 좋아했다. 그러자 측근들도 모두 긴 갓끈을 매어 갓끈값이 매우 비싸졌다. 추나라 군주가 이를 걱정해 측근에게 물으니 이렇게 대답했다. "군주께서 긴 갓끈을 매는 것을 좋아하셔서 백성들도 따라서 하니 비싸졌습니다."

그래서 군주가 먼저 스스로 갓끈을 자르고 나오자 나라 안의 모든 사람들이 긴 갓끈을 매지 않게 되었다. 추의 군주가 명령을 내려 백성의 복장 제도를 정해서는 긴 갓끈 매는 것을 금지할 수 없게 되자, 몸소 갓끈을 잘라 버리고 나와 시범을 보인 것이다. 이는 자신이 먼저 모욕을 당함으로써 백성들을 이끌 수 있음을 보여 준 것이다.

돼지를 잡은 증자

증자(曾子, 기원전 505~435, 공자의 제자)의 처가 시장에 가는데 아들이 따라오며 울자 달래면서 말했다. "애야, 집으로 들어가거라. 내가 시장에서 돌아와 너를 위해 돼지를 잡아 삶아 주마." 얼마 후 집에 돌아와 보니 증자가 돼지를 잡으려 했다. 증자의 처가 그를 말리며 "아이를 달래려고 한 말인데 정말로 돼지를 잡으려 합니까?"라고 했다. 증자가 이에 대답했다. "아무리 어린아이라 할지라도 실없는 말을 해서는 안 되오. 아이들은 아직 아는 게 없어 부모를 의지하고 배우려고 하기 마련이오. 그런데 만일 자식을 속인다면 이는 자식에게 속이는 것을 가르치는 것이 되오. 어머니가 자식을 속이면 자식은 어머니를 믿지 않게 되니 앞으로 어떻게 자식을 가르칠 수 있겠소." 그러면서 그대로 돼지를 잡아 삶았다.

15 난세(難勢, 세에 대한 논란)

15 난세(難勢, 세에 대한 논란)

'난세'는 법가 사상의 중요 개념인 세(勢)에 관한 논란을 말한다. 이는 권세, 즉 현실 권력의 중심을 어디에 둘 것인가에 대한 논쟁이다. 여기서 한비자는 세가 정치의 제일 요건이라고 주장한 신도(愼到)의 입장을 제시한 다음 이에 대해 다른 입장에서 반박하고 이에 대해 한비자가 다시 반박하는 논쟁 형식을 취해 이 문제를 명확하게 해명하려고 했다. 한비자는 세란 인위적인 현실의 상황 논리이자 권력의 속성이라고 말하면서 현인에 의한 정치, 즉 덕치를 정치의 기본 요건으로 하는 유가 사상과는 본질적으로 다르다는 입장을 보이고 있다.

신도(愼到, 전국 시대의 법가 사상가)가 말했다. "날아오르는 용은 구름을 타고, 치솟아 오르는 뱀은 안개 속에서 노닌다. 하지만 구름이 개고 안개가 걷히면 용과 뱀은 지렁이나 개미와 같다. 의지할 곳을 잃었기 때문이다. 그러므로 현인이면서 어리석은 자에게 굴복하는 것은 권세가 가볍고 지위가 낮기 때문이다. 반대로 어리석은 자이면서 현인을 굴복시키는 것은 권세가 무겁고 지위가 높기 때문이다. 요가 한낱 필부(匹夫, 평범한 사내)였다면 세 명의 사람도 다스릴 수 없었으며 걸이 군주였기에 세상을 어지럽힐 수 있었다. 그래서 나는 권세나 지위는 의지하기에 충분한 것이며 현명함과 지혜로움은 존중하기에 부족하다는 것을 안다. 활이 약한데 화살이 높이 나는 것은 바람이 그 방향으로 불고 있기 때문이다. 이와 마찬가지로 자신은 어리석지만 명령이 행해지는 것은 많은 사람들에게서 도움을 받기 때문이다. 요가 신분이 낮은 지위에 있을 때는 사람들을 가르쳐도 아무도 듣지 않았다. 그러나 군주가 된 다음에 명령을 내리면 행해지고 금지하면 멈추었다. 이런 점에서 볼 때 현명함과 지혜만으로 사람들을 복종시킬 수 없고 지위나 권세를 갖추어야 현인(賢人)도 굴복시킬 수 있다.”

어떤 이가 신도의 주장에 반박해 말했다. “날아오르는 용은 구름을 타고, 치솟아 오르는 뱀은 안개 속에 노닌다는 것에 대해 나도 용과 뱀이 구름과 안개의 힘에 전혀 의지할 수 없다고는 생각하지 않는다. 그러나 현인을 버리고 오직 권세만으로 나라를 잘 다스릴 수 있겠는가? 왜냐하면 구름이나 안개가 있더라도 그것을 타고 노닐 수 있다는 것은 용과 뱀이 재능이 있기 때문이다. 지금 구름이 무성하다 하더라도 지렁이가 그 구름을 탈 수는 없으며 안개가 자욱하다 할지라도 개미는 거기에서 노닐 수 없다. 이는 지렁이와 개미의 재능이 부족하기 때문이다. 지금 걸과 주가 군주로서의 위세를 가지고 구름과 안개로 삼는다 하더라도 세상이 큰 혼란에서 벗어나지 못하는 것은 걸과 주의 재능이 부족하기 때문이다. 요가 세상을 다스린 권세와 걸이 세상을 혼란스럽게 한 권세는 다를 바가 없다. 같은 권세였지만 요가 나라를 잘 다스리고 걸이 나라를 혼란으로 빠뜨린 것은 전적으로 그 재능의 차이인 것이다.”

또 이어서 말했다. "권세란 전적으로 현인만 사용하고 어리석은 자는 사용해선 안 된다고 말할 수는 없다. 다만 현인이 사용하면 세상이 잘 다스려지고 어리석은 자가 사용하면 세상이 혼란스러워진다.

사람의 타고난 성품을 보면 현자는 적고 어리석은 자는 많다. 그래서 위세(威勢)라는 이기(利器)를 가지고 세상을 어지럽히는 어리석은 자를 도우면, 권세를 가지고 세상을 어지럽히는 자가 많아질 것이며 권세를 가지고 세상을 제대로 다스리는 자는 적을 것이다. 권세란 다스리는 데 편리하나 어지럽히는 데도 매우 편리한 도구다. 그러므로 주나라 역사책인 《주서(周書)》에 이르기를 '호랑이를 위해 날개를 달아 주지 말라. 장차 날아서 고을에 들어가 사람을 골라 먹으려 할 것이다.'라고 했다. 어리석은 자에게 권세를 올라타게 한다면 이는 호랑이를 위해 날개를 달아 주는 것과 같은 것이다.

걸과 주는 높은 누각과 깊은 연못을 만들어 사람들의 힘을 빠지게 하고 살과 뼈를 불에 달군 쇠로 지지는 포락형(炮烙刑)을 만들어 사람들의 생명을 손상시켰다. 걸과 주가 포학한 짓을 할 수 있었던 것은 군주라는 권세가 날개로 작용했기 때문이다. 만약 걸과 주가 필부였다면 포학한 짓 하나를 행하기도 전에 자신이 죽는 형벌에 처해졌을 것이다. 이와 같이 권세는 호랑이나 이리 같은 마음을 길러서 포학한 짓을 이루게 하는 것이니 세상의 큰 우환이다."

또 말했다. "권세란 다스려짐과 혼란의 문제에서 본래 정해진 자리가 있는 것이 아니다. 그런데 앞서 신도가 주장한 것처럼 오로지 권세만이 세상을 다스릴 수 있다고 하는 것은 깊이가 얕은 견해다. 만약 견고한 수레를 명마에 매어 무능한 노비에게 몰게 한다면 남의 웃음거리가 되지만, 유명한 마부인 왕량이 몰게 한다면 하루에 천 리라도 달릴 수 있을 것이다. 이는 말과 수레가 다른 것이어서 그러한 것이 아니라 말을 다루는 기술이 다르기 때문이다. 지금 군주의 지위를 수레로 삼고 권세를 말로 삼으며 호령을 고삐로 삼고 형벌을 채찍으로 삼아서 요와 순으로 하여금 그것을 몰게 한다면 세상이 잘 다스려질 것이다. 그러나 걸과 주에게 몰게 한다면 세상이 어지러워질 것이다. 그것은 현명함과 어리석음의 거리가 지나치게 떨어져 있기 때문이다. 빨리 달려서 먼 곳에 이르려고 하면서 마부 왕량에게 맡길 줄 모르거나 이익을 얻고 해악을 줄이려고 하면서 지혜롭고 재능 있는 자를 임용할 줄 모르는 것은 큰 우환이다. 요와 순은 사람들을 다스리는 왕량이었다."

이에 대해 (한비자가) 다시 반박해서 말한다. "신도는 권세로써 관리를 잘 다스릴 수 있다고 한 것이다. 그러나 어떤 자는 이에 반박해 '반드시 현인을 기다려야 잘 다스려진다.'라고 했으나 그렇지 않다. 권세란 명칭은 하나지만 그 변화는 수없이 많다. 대체로 권세에는 두 종류가 있는데 그 하나는 자연적인 권세고 또 하나는 인위적인 권세다. 자연적인 권세는 어찌할 수 없는 것이므로 논할 것이 없다. 내가 말하고 싶은 것은 인위적인 권세에 대한 것이다. 지금 말하기를 '요와 순이 권세를 얻어 세상을 다스리고 걸과 주가 권세를 얻어 세상을 어지럽혔다.'라고 한다. 나도 요나 걸이 그렇지 않다고는 생각하지 않는다. 비록 그렇다 해도 그 권세는 인위적인 것이 아니다. 무릇 요와 순이 나면서부터 군주의 지위에 오르도록 정해져 있고, 폭군인 걸과 주가 열 명이나 나오더라도 나라를 어지럽힐 수 없다고 하는 것은 권세가 제대로 다스려지게 되어 있기 때문이다. 마찬가지로 걸과 주가 나면서부터 군주 자리에 있고 비록 성군인 요와 순이 열 명이나 나오더라도 나라를 잘 다스릴 수 없다고 하는 것은, 권세가 어지럽히게 되어 있기 때문이다. 그러므로 말하기를 '권세가 다스려지게 되어 있는 경우라면 어지럽힐 수 없으며 권세가 어지럽히게 되어 있는 경우라면 다스려질 수 없다.'라고 하는 것이다. 이는 자연적인 권세이지 인위적인 것이 아니다. 내가 논하고 있는 권세는 인위적인 것을 말할 따름인데 어찌 현인에 대해서 일삼는 것인가?

그럼 어떻게 그렇다고 밝힐 수 있는가? 말하자면 창과 방패를 파는 장사꾼이 있었는데, 방패가 단단하다고 자랑해서 말하기를 '어떤 물건으로도 이것을 뚫을 수 없다.'라고 했다. 또 창을 자랑해서 말하기를 '나의 창이 날카로워 어떤 물건도 뚫지 못할 것이 없다.'라고 했다. 어떤 사람이 묻기를 '너의 창을 가지고 너의 방패를 찌르면 어떻게 되느냐?'라고 했더니 장사꾼은 대답을 하지 못했다. 뚫을 수 없는 방패와 뚫지 못할 것이 없는 창은 명목상 양립할 수 없다. 현인이 행하는 길은 권세로써 금지할 수 없으며, 권세로써 다스리는 길은 강압적인 수단으로 금지하지 못하는 것이 없다. 그래서 권세로써 금지할 수 없는 현인과 무엇이나 금지할 수 있는 권세가 서로 대치하는 것은 창과 방패(矛盾)의 논리와 같은 것이다. 그러므로 현인의 다스림인 인치(仁治)와 권세로써 다스려지는 법치(法治)는 명백하게 서로 용납할 수 없는 것이다.

요순이나 걸주는 천년마다 한 번씩 나와도 계속 태어난다고 하는 것이다. 세상의 통치자들은 중간 정도의 자질에서 끊이지 않았다. 중간 정도의 자질을 가진 자는 위로 요순에 미치지 못하지만 아래로 걸주처럼 되지는 않는다. 이 정도에서 법을 지키고 권세를 가진다면 제대로 다스리게 되고 법을 어기고 권세를 잃으면 어지러워진다. 만일 권세를 잃고 법을 어기게 되어 요순을 기다려 요순이 오면 다스려지게 될 터이지만 이는 천년 동안 어지럽다가 한 번 다스려지는 것일 뿐이다. 법을 지키고 권세를 가져 다스리다가 걸주를 기다려 걸주가 나타난다면 어지러워지겠지만 이는 천년 동안 다스려지다가 한 번 어지러워지는 것일 뿐이다.

천년 동안 제대로 다스려지다가 한 번 어지러워지는 것과 천년 동안 어지럽다가 한 번 다스려지는 것은 마치 천리를 달리는 말을 타고 반대 방향으로 달리는 것처럼 그 서로 간의 차이가 큰 것이다. 도대체 바로잡는 법을 포기하고 길이를 재는 자의 치수를 버린다면 수레 제작의 달인 해중에게 수레는 만들게 해도 바퀴 하나 만들어 내기 힘들다. 상을 통해 옳은 일을 권하고 형벌을 통해 위세를 펼치지 못하며 권세를 버리고 법을 어긴다면, 요순이 집집마다 가서 설득하고 사람들에게 설명해도 세 집조차 다스릴 수 없을 것이다. 그러므로 권세가 충분히 쓸모 있다는 것은 분명하며 '반드시 현명한 사람을 기다려야 한다.'라는 주장은 옳지 않다."

✟ 한비자의 법치 사상은 상앙의 '법'과 신불해의 '술', 그리고 신도의 '세'의 원리를 종합한 것이다. 특히 '세'는 군주가 '법'과 '술'을 제대로 행사할 수 있는 권력 기반이라고 할 수 있다. 마치 세 개의 다리가 균형을 이루면서 세워져 있는 솥[정(鼎)]과 같은 것이다. 그래서 그는 '법'과 '술'이 마련되더라도 '세'가 없는 군주는 마치 이빨과 발톱이 빠진 호랑이와 같다고 보았고, 이것은 군주의 도덕성이나 능력에서 비롯된 것이 아니라 지위에서 나오는 것이라고 보았다. 다만 여기서 '세'라는 것은 개인의 능력에 의해 나오는 것이 아니라 정치적 지위가 결정짓는 권위를 말하는 것이다.

신도는 군주에게 도덕적 자질과 능력을 기대하는 유가(儒家)에 반대했다. 이를 한비자가 수용해 인위적으로 만들어지는 권력 구조의 속성상 옛 성인을 기준으로 군주를 논할 것이 아니라, 현실적인 효용성을 기준으로 파악해야 한다는 것이다. 그래서 아무것도 뚫을 수 없는 방패와 어떤 것이든 뚫지 못하는 것이 없는 창은 같은 시대에 존립할 수 없다고 주장한다. 이처럼 한비자의 법치 사상은 도덕적 인간에 대한 이해보다는 현실적 인간에 대한 이해를 바탕으로 했으며, 원대한 이상과 사상보다는 사회적 · 정치적 현실 상황의 변화에 능동적이면서 강력하게 대응할 수 있는 군주 중심의 사고, 마키아벨리즘을 추구한 것이다.

16 오두(五蠹, 나라를 좀먹는 다섯 가지의 벌레)

16 오두(五蠹, 나라를 좀먹는 다섯 가지의 벌레)

'오두'는 나무를 갉아먹는 다섯 종류의 좀벌레라는 뜻이다. 여기서는 나라를 어지럽게 만드는 사람들을 가리킨다. 즉, 인의만을 앞세우는 유가나 묵가 등의 학자, 허황된 주장만 일삼는 유세객, 사사로운 무력으로 질서를 해치는 협객, 부정부패를 저지르는 귀족이나 측근, 사치품이나 불량품으로 이익을 챙기는 상공인 등이다. 한비자는 이런 비현실적인 이론이나 백성들의 삶을 해치는 무리가 발을 들여놓지 못하도록 법치로써 나라를 통치해야 한다고 주장한다.

나무 그루터기에 지켜 앉아서 토끼를 기다리다

상고(上古) 시대에는 사람이 적고 금수(禽獸, 날짐승과 길짐승)가 많아 사람들은 금수나 벌레, 뱀과 대항할 수 없었다. 마침 어느 성인이 나타나 나무를 얽어 집을 마련해서 사람들이 여러 가지 해악을 벗어나게 했다. 사람들은 기뻐해 그를 천하의 군주로 삼고 유소씨(有巢氏)라고 불렀다. 사람들은 과일이나 조개 같은 것을 먹었으나 냄새가 역하고 위장에 해를 끼쳐 병을 많이 앓았다. 그때 어느 성인이 나타나 부싯돌로 불을 지펴 날것을 익혀 먹도록 했다. 사람들은 기뻐해 그를 천하의 군주로 삼고 수인씨(燧人氏)라고 불렀다. 중고(中古) 시대에는 천하에 홍수가 범람했는데 곤(鯀)과 우(禹)가 물길을 텄다. 근고

(近古) 시대에는 걸과 주가 폭정을 할 때 탕(湯)과 무(武)가 이를 정벌했다.

만약 하나라 시대에 나무를 얽어 집을 짓거나 부싯돌로 불을 지피는 자가 있었다면 곤과 우에게 비웃음을 받았을 것이다. 또한 은나라, 주나라 시대에 물길을 트는 자가 있었다면 탕과 무에게 비웃음을 받았을 것이다. 그러므로 지금도 요, 순, 우, 탕, 무가 사용했던 원리나 방법을 찬미하는 자가 있다면 반드시 새로 나타난 성인에게 비웃음을 받을 것이다. 그래서 성인은 반드시 상고 시대의 제도만을 따르려 하지 않으며 고정되어 변하지 않는 원칙만을 고집하지 않는다. 성인이란 당시의 정황을 살펴 그 시대의 실정에 따라 대비책을 세운다.

송나라의 어느 농부가 들판에서 밭갈이를 하고 있었다. 그때 토끼가 달려오다 밭 가운데 있는 나무 그루터기에 머리를 부딪쳐 죽었다. 그것을 본 뒤부터 농부는 쟁기를 내던지고 매일 나무 그루터기만 지키며 다시 토끼를 얻으려고 했다[수주대토(守株待兎)]. 그러나 다시는 토끼를 얻을 수 없었으며 송나라 사람들의 웃음거리만 되었다. 만약 고대 제왕의 정치를 가지고 현재의 사람들을 다스리려 한다면 그것은 송나라 사람이 나무 그루터기에 지켜 앉아서 토끼를 기다리는 것과 같은 부류의 일이다.

옛날에는 남자가 농사를 짓지 않아도 풀과 나무의 열매 같은 먹을거리가 넉넉했고 여자가 길쌈을 하지 않아도 새와 짐승의 가죽만으로도 입을 것이 충분했다. 힘써 일하지 않아도 생활이 넉넉했던 것은 사람의 수는 적고 재물은 남아돌았기 때문이다. 그래서 사람들은 다투지 않았으며 후한 상을 내리지 않고 중벌을 쓰지 않아도 저절로 다스려졌다. 지금은 한 사람에게 다섯 명의 자식이 있어도 많지 않다고 한다. 그러나 그 자식들이 또 다섯 명의 자식들을 낳는다면 조부가 아직 죽지 않을 경우 스물 다섯 명의 손자를 보게 된다. 이러므로 사람의 수는 많아지고 재물은 적으니 힘써 일해도 생활이 궁핍해 서로 다투게 된다. 비록 상을 배로 늘리고 벌을 더하더라도 혼란을 벗어나지 못한다.

요가 세상을 다스릴 때에는 지붕을 이엉(초가집의 지붕이나 담을 엮을 때 쓰는 짚이나 새 따위로 만든 물건)으로 이은 채 가지런히 자르지 않았고 통나무로 된 서까래를 다듬지 않았으며, 거친 쌀과 기장으로 지은 밥과 명아주나 콩잎으로 끓인 국을 먹었다. 겨울에는 사슴 가죽으로 만든 옷을 입었으며 여름에는 칡으로 짠 옷을 입었는데 비록 문지기의 생활일지라도 이보다 못하지는 않았다. 우가 세상을 다스릴 때도 몸소 쟁기나 가래(흙을 파헤치거나 떠서 던지는 기구)를 잡고 백성들보다 앞장을 섰는데, 팔은 검게 그을리고 종아리는 털이 날 틈이 없을 정도로 바쁘게 움직였다. 노예들의 노동일지라도 이보다 더 고생스럽지는 않았을 것이다.

이렇게 보자면 옛날에 군주 자리를 물려준다는 것은 문지기나 노예 생활에서 벗어나는 것이니 군주 자리를 남에게 양보한다는 것은 그다지 대수로운 일이 아니었다. 그러나 지금은 현령의 신분이라 할지라도 어느 날 갑자기 자신이 죽으면 그 자손들은 대대로 수레를 타고 다닐 수 있는 처지가 되므로 사람들이 현령 벼슬을 소중하게 여긴다. 이런 까닭으로 옛날 천자의 자리를 그만두는 것보다 지금 현령의 자리를 버리기가 어려운 것이다. 이는 옛날의 군주가 얻는 이익은 박하고 지금의 현령이 얻는 이익이 후하다는 차이 때문이다.

산속에 살면서 골짜기에 내려가 물을 길어 오는 사람들은 섣달 제사 때에 물을 선물로 보내지만 늪지대에 살면서 물로 고통을 받는 사람들은 품삯을 들여서라도 물길을 튼다. 흉년이 든 이듬해 봄에는 나이 어린 아우에게도 밥을 먹이지 않지만 풍년이 든 가을에는 낯선 나그네에게도 음식을 대접한다. 이것은 혈육을 멀리해서 서먹서먹하게 여기고 지나가는 나그네를 사랑해서가 아니라 음식이 많고 적음의 차이 때문이다. 이처럼 옛날에 재물을 가볍게 여긴 것은 마음이 어질어서 그런 것이 아니라 재물이 많았기 때문이며, 오늘날에 사람들이 재물을 서로 차지하려고 다투는 것은 마음이 천박해서 그런 것이 아니라 재물이 적기 때문이다. 옛사람이 임금 자리를 쉽게 그만둔 것은 마음이 고결해서 그런 것이 아니라 그 권세가 약했기 때문이며 오늘날의 관리들이 벼슬을 다투는 것은 품위가 없어서 그런 것이 아니라 권세가 소중하기 때문이다. 따라서 성인은 재물이 많고 적음과 후하고 박함을 따져서 정치를 한다. 그런 까닭에 벌이 가볍더라도 자비가 아니고 처벌이 엄하더라도 잔혹한 것이 아니며 세속에 맞추어 행하는 것일 뿐이다. 그러므로 일은 세상의 변화에 맞추어 하며 대비는 일에 맞추어 적절하게 해야 한다.

변설의 폐해

오늘날의 군주는 변설 듣기를 좋아하고 그것이 실제로 맞는지 살피지 않는다. 또한 어떤 행위에 대해 명성만을 찬미하고 공적은 따지지 않는다. 이 때문에 세상의 많은 사람들은 변설에만 치중하고 실용적인 면은 소홀히 한다. 그러므로 옛 훌륭한 임금의 일을 예로 들어 인의를 말하는 자들은 조정에 가득 차 있지만 정치는 혼란을 벗어나지 못하고 있다. 몸과 마음을 수양하는 데에 치중하는 자는 고결함만 추구하고 공적을 이루는 것과는 거리가 멀다. 그래서 지혜로운 사람은 바위굴에 숨어 살면서 군주가 주는 봉록을 받지 못하니, 병사들은 약해질 수밖에 없게 되었고, 이렇게 되니 정치는 혼란스러워졌다. 이것은 무엇 때문인가? 사람들이 칭찬하는 것과 군주가 예우하는 것이 나라를 어지럽히는 방법[술(術)]이 되었기 때문이다.

지금 나라 안의 백성들이 모두 정치를 말하고 상앙(?~기원전 338, 진

나라의 법가를 대표하는 정치가)과 관중(?~기원전 645, 제나라 환공을 섬긴 뛰어
난 재상)의 법령을 집집마다 지니고 있지만 그럼에도 나라가 더욱 궁
핍해지는 것은 농사를 말하는 자는 많지만 쟁기를 손에 드는 자가 적
기 때문이다. 나라 안의 사람들이 모두 군사에 관해 말하고 손무(춘추
시대의 전략가로 《손자병법》을 지었다. 손자는 그에 대한 경칭이다)와 오기(전국
시대의 군사 지도자이며 정치가)의 병서(兵書)를 죄다 지니고 있으나 병력
이 더욱 약해지는 것은 입으로 전쟁을 말하는 자는 많아도 갑옷을 입
는 자가 적기 때문이다. 그러므로 현명한 군주는 사람들의 힘을 활용
하되 그들의 말을 전적으로 듣지 않으며 공적에 대해 상을 주더라도
쓸모없는 행위는 반드시 금지시킨다. 그러면 백성들은 힘을 다해 군
주를 따를 것이다.

농사짓는 일은 고달픈 것이나 사람들이 농사를 짓는 것은 부유해
질 수 있기 때문이며 전쟁터에서 싸우는 일은 위험한 일이지만 그것
을 하는 것은 존귀해질 수 있기 때문이라고 말한다. 만약 학문을 연
구하고 언변을 익혀서 농사짓는 수고를 겪지 않고도 부유해지고 위
험한 전쟁을 하지 않아도 존귀함을 얻는다면 어느 누가 하지 않겠는
가? 이런 까닭으로 백 사람이 지적인 재능을 닦는 데 열중하고 한 사
람만이 힘을 쓰는 일(농사나 전쟁)을 한다. 지적 재능을 닦는 자가 많아
지면 법이 무너지고 힘써 일하는 자가 적으면 나라가 가난해진다. 이
것이 세상이 혼란스러워지는 원인이다.

그래서 현명한 군주의 나라에는 죽간(竹簡, 대나무로 만든 문서)에 쓰인 글이 없고 법으로써 가르침을 삼으며 선왕의 말은 없고 관리만을 스승으로 삼으며 사사로운 이익 때문에 칼을 휘두르는 횡포는 없고 적의 목을 베는 것만을 용맹으로 삼는다. 이 때문에 나라 안의 사람들 중에 담론을 하는 자도 반드시 법을 따르고 일을 하는 자는 실제로 공적을 세우는 것을 목표로 삼으며 용맹한 자는 군대에서 힘을 다하게 된다. 그러므로 전쟁이 없으면 나라가 부유해지고 전쟁이 있으면 병력이 강해진다. 이것을 패왕이 되는 밑바탕이라 한다. 이러한 밑바탕을 미리 기르고 적국의 허점을 이용해야 한다. 중국 문명의 위대한 인물들인 삼황오제 가운데 오제(五帝, 다섯 명의 제왕이라는 뜻으로 황제·전욱·제곡·요·순을 일컬음)를 넘어서 삼왕(三王, 우·탕·문, 무왕)에게 견주려면 반드시 이 방법이어야 한다.

합종연횡도 믿을 것이 못 된다

그러나 지금은 그렇지 못하다. 학자들이나 협객들은 국내에서 방자하게 행동하고 유세객들은 국외에서 세력을 만들어 안팎으로 악행을 저지르고 강한 적이 오기를 기다리니 이 또한 위태롭지 않은가? 그래서 여러 신하들 중에 국외의 일을 말하는 자는 합종[合從(縱), 전

▲ 전욱
오제의 한 명으로 사려가 깊고 백성들을 올바르
게 이끌었으며 천하를 잘 다스렸다.

▲ 제곡
오제의 한 명으로 70년간 재위하며 시간과 절기
를 관찰하는 방법을 농업에 응용했다.

▲ 요
중국 고대의 가장 이상적인 성군으로 불리며, 자
연재해를 극복해 생산을 늘리고 제도를 정비하고
도덕성으로 나라는 다스렸다.

▲ 순
이름난 효자로 요에게 발탁되어 천하를 다스렸
다. 요와 함께 고대의 태평성대를 이끈 인물로 기
록되어 있다.

▲ 우
순에게 발탁되어 홍수를 막고 훗날 중국 최초의
국가인 '하나라'를 세웠다.

▲ 탕왕
걸왕을 몰아내고 은나라를 세운 뒤 어진 정치로
나라를 잘 다스려 황하 상류까지 그 세력을 확장
시켰다.

▲ 서백 창(문왕)
어진 정치로 제후들의 존경을 받아 은나라를 멸
망시킬 토대를 마련했으며 주나라 건국의 기초를
확립했다. 후대에 문왕으로 높여졌다.

▲ 무왕
은나라를 멸망시키고 주나라를 창건해서 동생인
주공 단과 태공망의 보필을 받아 나라의 기초를
다졌다.

국 시대 소진이 주장한 것으로 진나라에 맞서 약소국인 6국이 힘을 합하자는 정책]과 연횡[連橫, 연형(連衡), 장의가 주장한 것으로 약소국인 6국이 진나라와 개별적으로 연합하는 정책]의 패거리로 갈리지 않으면 개인적인 원수를 갚으려고 나라의 힘을 빌리려 한다. 종(從)은 여러 약소국이 힘을 합쳐서 강대한 한 나라를 공격하는 것이고, 형(衡)이란 강대한 한 나라를 섬겨서 여러 약소국을 공격하는 것으로 모두 나라를 보존시키는 방법이 아니다.

지금 신하들 중에 연횡을 주장하는 자들은 모두 이렇게 말한다. "강대국을 섬기지 않으면 적을 만나 화를 당하게 될 것이다." 그러나 강대국을 섬기더라도 반드시 실익이 있는 것이 아닌데 지도를 바치고 옥새를 넘겨주어 군대를 요청한다. 지도를 바치면 영토가 줄어들고 옥새를 넘겨주면 명예가 떨어진다. 영토가 줄어들면 나라가 약해지고 명예가 떨어지면 정치가 혼란스러워진다. 강대국을 섬겨 연횡을 하더라도 미처 그 이득을 보기도 전에 영토를 잃고 정치는 어지러워진다.

또 신하들 중에 합종을 주장하는 자들은 모두 이렇게 말한다. "약소국을 구하고 강대국을 공격하지 않으면 천하를 잃고, 천하를 잃으면 나라가 위태로워지고 나라가 위태로우면 군주의 지위가 낮아진다." 그러나 약소국을 구하는 것에 실익이 없다면 괜히 전쟁만 일으켜 강대국과 적대하는 것이 된다. 약소국을 구하는 것이 반드시 성공하는 것도 아니고 강대국과 전쟁을 해도 반드시 약소국 사이에 틈이 벌어지지 않을 수 없다. 만약 이렇게 된다면 강대국에게 제압을 당하게 된다. 출병을 하면 전쟁에서 패하고 물러나 지키면 성이 함락된다. 약소국을 구하고 합종을 하더라도 미처 그 이득을 보기도 전에 영토를 잃고 군대를 잃게 된다.

또한 모두 이렇게 말한다. "합종과 연횡 같은 외교의 일에 힘을 쓰면 크게는 왕다운 왕이 되고 작게는 나라의 안정을 꾀할 수 있다." 그러나 왕자로서 다른 나라를 칠 수는 있으나 그 나라가 제대로 다스려지면 칠 수가 없는 법이다. 그러므로 다스려지고 강해지는 것은 밖에서 구할 수 없으며 내정에 달려 있다. 만일 안에서 법술을 행하지 않고 밖에서 지모를 일삼는다면 다스려지고 강해지는 것을 이룰 수 없다.

무위도식하는 자를 줄여야 한다

백성들의 당연한 이해타산은 모두 안정되고 이로운 것을 쫓고 위험과 궁핍함을 피하는 것이다. 이제 전쟁을 하게 되어 전진하면 적에게 죽고 후퇴하면 처벌로 죽게 된다면 이는 위험한 것이다. 자기 집의 일을 버리고 전쟁에서 노고를 다해서 집안이 곤궁해져도 나라에서 돌보지 않으면 이는 궁핍해지는 것이다. 궁핍하고 위험한 곳을 사람들이 어찌 피하지 않겠는가? 그러므로 권세 있는 가문에 빌붙어 병역을 기피하고 병역을 기피하면 전쟁을 멀리할 수 있고 전쟁을 멀리하면 안정된다. 뇌물을 써서 권세가에게 기대면 바라는 것을 얻고 바라는 것을 얻으면 이롭게 된다. 안정되고 이로운 것을 어찌 쫓지 않을 수 있겠는가? 이 때문에 군주에게 충성하는 사람들은 줄어들고 권세가에게 충성하는 사람들이 많아지는 것이다.

현명한 군주가 나라를 다스리는 방법은 상공업에 종사하는 자와 놀고먹는 자의 숫자를 적게 하고 그들의 신분을 낮추는 것이다. 그럼으로써 농사를 버리고 상공업으로 달려가는 사람을 적게 하는 것이다. 오늘날 군주의 측근에게 청탁을 하면 관직을 살 수 있다. 관직을 살 수 있으면 상공업에 종사하는 자들의 신분도 비천하지 않게 된다. 부정한 방법으로 번 돈이 시장에서 통용되기 때문에 상인의 숫자가 적어지지 않는다. 이익을 거두는 것이 농사를 짓는 것보다 배가 되고 존중 받는 것이 농부나 병사를 넘어선다면 지조를 지키는 사람은 적어지고 상업에 종사하는 사람만 많아질 것이다.

나라를 좀먹는 다섯 가지의 벌레

이런 까닭에 나라의 풍속이 어지러워져서 학자들은 지금에 와서도 옛 성인을 떠받들며 인의를 빙자하고 언변을 그럴듯하게 꾸미며 현재 시행되는 법에 대해 이의를 제기하고 군주의 마음을 어지럽게 한다. 유세객들은 거짓말만 늘어놓으며 외국의 힘을 빌려 사욕을 채울 뿐 나라의 이익은 저버린다. 허리에 칼을 두른 협객들은 무리들을 모아 의리를 내세워 이름을 드러내려 해서 국법을 범하고 있다. 측근들은 권력 있는 자들과 결탁해 뇌물을 보내고 세도가의 청탁을 받아들여 전쟁에서 공을 세운 자를 물리친다. 상인과 기술자들은 불량품 그릇을 만들고, 사치품을 사서 쌓아 두고 때를 보아 그것을 다시 팔아서 농민의 이익을 가로챈다. 이 다섯 가지는 나라를 갉아먹는 좀 벌레다. 만약 군주가 다섯 가지 벌레 같은 사람들을 몰아내지 않고 지조 있는 인물을 길러 내지 않는다면, 세상에 비록 망하는 나라와 사라지는 조정이 있다고 해도 그것은 그리 괴이한 일이 아닐 것이다.

✝ 밭을 갈던 농부가 우연하게 나무 그루터기에 부딪혀 죽은 토끼를 얻으면서 그 뒤 또 다른 토끼가 걸릴 것을 기다렸다는 '수주대토(守株待兔)'라는 고사성어는 이 책 《한비자》에 나오는 대표적인 일화 가운데 하나다. 오늘날은 이 고사가 노력하지 않고 헛된 망상이나 하는 것을 빗대는 말로 쓰이지만 한비자가 이 고사를 들먹인 것은 결코 그런 의미가 아니었다. 옛 상고 시대의 삼왕이나 오제와 같은 훌륭한 왕의 정치를 들먹이며 지금 현실의 문제를 전혀 해결하지 못하는 허황된 유가 등의 사상을 비판하기 위해서였다. 어느

세월에 그런 성인이 등장해서 백성을 구제하고 나라를 부강하게 만들겠냐는 야유였다. 〈오두〉 편은 그다음 편인 〈현학〉과 더불어 《한비자》 가운데에서도 매우 독특하게 유가나 묵가 사상을 노골적으로 비판하고 있다. 인의를 내세우며 덕치를 강조한 유가 등의 사상이란 옛 공동체 사회의 유물에 불과하다는 것이다. 사회가 발전하고 이미 인간들은 이익을 기초로 서로의 관계를 설정하고 있는데, 이런 현실을 무시하고 이상론만 펴고 있다는 것이다. 이 점은 전국 시대의 시대상을 가장 정확하게 파악한 현실론이었다는 점에서 매우 돋보이는 통찰과 안목을 보여 준다.

한비자는 나아가 인의를 앞세우는 유학자나 합종연횡을 주장하는 유세객 등을 사사로운 무력으로 사회 질서를 해치는 협객, 부패한 권세가나 군주의 측근 세력, 부당한 이익을 취하는 상공인 등과 같은 반열에 올려놓고 이들에게 다섯 종류의 좀벌레라고 비판했다. 여기서 매우 특이한 것은 상공업자에 대한 비판인데, 이 당시가 농업을 기반으로 성립한 신분제 사회였음을 감안해야 한다. 먹을거리를 만들거나 생활필수품이나 전쟁 무기 등을 생산하고 거래하는 것이 아니라 사치품이나 불량품 따위를 속여서 팔아 부당한 이득을 취하는 상인들에 대한 비판인 셈이다.

우리는 이 글을 통해 한비자가 내세웠던 '법술'의 핵심 내용을 파악할 수 있다. 공평무사한 법치주의를 근간으로 질서 정연한 통치 체계를 갖춘 군주국가, 그리고 백성들이 농업 등의 생산적인 분야에 종사하며 배부르고 편안하게 사는 세상이 바로 그가 내세운 법술의 핵심이었던 것이다. 이런 그의 사상을 굳이 학술적 용어로 분류하자면 인간은 본래 이익을 추구하는 존재라는 성악설, 엄격하고 공정한 법치주의, 군주가 모든 권세와 위엄을 갖고 다스려야 한다는 군권론(君權論), 농업이 사회의 근간이 되어야 한다는 중농주의 등으로 표현할 수 있을 것이다.

《한비자》, 마키아벨리즘의 선구자

1. 한비자의 생애

한비자에 대한 기록이 거의 없어서 그가 어떤 인물이었는지는 잘
알려져 있지 않다. 사마천의 《사기》 〈노자한비열전〉에 간략하게 나
오는 정도가 있을 뿐이다. 사마천에 따르면 한비자는 전국 시대 말
한나라의 군주인 안(安)의 서공자(庶公子)로 태어났다고 한다. 서공자
란 왕족이기는 하지만 모친의 신분이 낮은 자로 추측되기에 높은 대
우를 받는 위치는 아니었을 것으로 추정된다. 일설에는 한나라 귀족
의 후예일 뿐이라는 견해도 있다. 그는 문장에는 탁월한 재능을 가졌
으나 말은 어눌했다고 한다. 자라면서 진나라의 통일 시기에 재상을
지냈던 이사(李斯, ?~기원전 208)와 함께 순자(荀子, 기원전 298?~238?)를
스승으로 모셨다. 순자는 전국 시대 말기의 사상가로 인간은 자신에

게 이익이 되는 것을 선천적으로 좋아한다는 성악설을 주장하고 이를 해결하는 방안으로 도덕적인 인간으로 성장하도록 하는 예(禮)를 강조했던 학자였다.

한비자는 비록 언변은 모자랐으나 법가의 학문을 좋아했으며, 뛰어난 문장으로 스승에게 인정을 받았다. 그 때문에 동료인 이사(진나라의 재상)는 한비자에게 열등의식을 가졌다고 한다. 이후 한비자는, 법가 사상가로 군주의 권력과 지위를 의미하는 '세(勢)'를 강조한 신도(愼到, 기원전 ?~302)와 엄격한 법치주의를 강조하고 실행했던 상앙(商鞅, 기원전 390~338), 군주의 통치술인 '술(術)'을 강조한 신불해(申不害, 기원전 ?~337) 등의 사상을 접하면서 이들의 논리를 종합해서 법가 사상을 확립하기에 이른다.

한비자가 살던 시대는 전국 시대 말기로 그의 조국인 한나라는 전국 칠웅[戰國七雄, 진(秦), 초(楚), 위(魏), 한(韓), 조(趙), 연(燕), 제(齊)] 중에서 가장 약한 나라 가운데 하나였다. 영토는 사방 천 리도 못 되었으며 강대국인 진(秦)나라와 인접해 있어 항상 침략의 위협에 시달리는 나라였다. 더구나 당시 한나라의 군주인 환혜왕(桓惠王, 기원전 272~239 재위)은 유약해 중신들의 전횡에 휘둘려서 내우외환을 겪고 있었다. 한비자는 이런 조국의 위기를 목격하고 군주에게 법치를 바탕으로 하는 부국강병책을 여러 차례 상소했으나 불행하게도 받아들여지지 않았다. 이런 그의 심정을 토로한 글은 이 책인 《한비자》의 〈고분〉·

〈오두〉·〈내 · 외저설〉·〈세림〉·〈세난〉 등에 잘 나타나 있다.

그러면 먼저 그가 살던 전국 시대는 어떤 사회인지 알아보자. 그래야 그의 사상을 보다 잘 이해할 수 있기 때문이다.

전국 시대란 춘추 시대와 더불어 중국 사회가 분열과 혼란 속에 시달리던 시대를 말한다. 춘추 시대는 주나라의 왕권이 흔들리고 이민족의 침입으로 동쪽으로 도읍을 옮긴 기원전 770년부터 기원전 403년까지 약 360년 동안 제후들이 각지에서 일어나 서로 패권을 다투며 싸우던 전란 시대로, 공자가 편찬한 역사책인 《춘추》에서 다른 시기와 겹쳐서 붙여진 이름이다. 춘추 시대에는 그나마 주나라 왕실에 대한 존중 의식이 있어서 강대국의 제후들은 주나라 왕을 받들고 이민족을 제압한다는 '존왕양이(尊王攘夷)' 사상에 입각해 있었다.

그러나 춘추 시대 말기에 이르면 철기가 도입되고 농업 생산력이 늘어나자 중국 사회는 새로운 격변기를 맞게 된다. 각 제후국들은 보다 많은 토지를 차지하고 그 토지를 경작할 농민들을 확보하기 위해 서로 격렬하게 다투었고 각 나라 안에서는 이런 사회적 변화에 대응하는 새로운 계층들이 대두하기 시작했다. 그 가운데 대표적인 것이 대부(大夫)나 사(士)라고 불리던 신흥 지주층이나 상공인층이었다. 이렇게 외부적으로는 각 제후국 사이의 무한 경쟁이 펼쳐지고 내부적으로는 신흥 지주층과 기존 지배층 사이의 권력 투쟁이 벌어지면

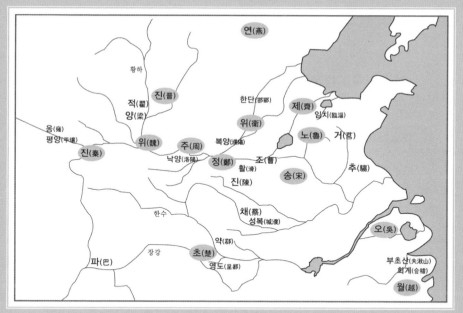

▲ 춘추 시대 국가들(기원전 770~403)

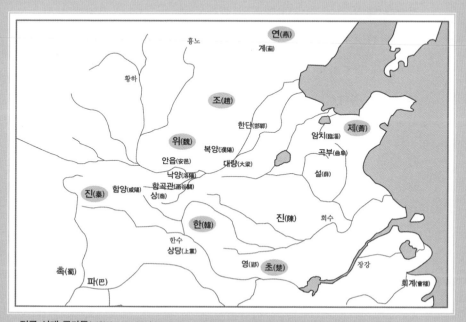

▲ 전국 시대 국가들(기원전 403~221)

서 전국 시대가 열렸다.

　전국 시대는 대체로 기원전 403년부터 진나라가 중국을 통일한 기원전 221년까지 약 200여 년 동안의 기간을 말하며 한나라 시대의 학자 유향이 편찬한 《전국책》이라는 책에서 그 이름이 유래했다. 이 시대가 되면 어제의 신하가 모시던 제후를 죽이고 오늘의 제후가 되거나 신하들이 나라를 쪼개 스스로 제후에 오르는 등 하극상과 이해관계에 따른 이합집산이 이루어지는 등 도덕적 가치는 땅에 떨어지고 "만인에 대한 만인의 투쟁"이 전개되었다. 그러다가 전국 시대 중기에 이르면 약 100여 개에 이르던 크고 작은 제후국들이 통합되어 전국 칠웅이라 불리는 7개의 제후국이 서로 패권을 다투었다. 하지만 전국 시대 말기에 이르면 지금의 섬서성(陝西省) 지역을 차지했던 진(秦)나라가 상앙의 법가 사상을 받아들여 부국강병책을 펴면서 다른 나라들을 압도하는 강국으로 부상했는데, 한비자가 살던 시대는 바로 이 시대였다.

　춘추 전국 시대는 대분열의 시대이기도 했지만 사회적 분열에 대한 해결책을 활발하게 논의하고 제시하는 '제자백가'의 시대이기도 했다. 그 가운데 대표적인 학파가 공자나 맹자 등의 유가, 묵자의 묵가, 노자나 장자의 도가, 상앙이나 한비자의 법가 등이었다. 이들 제자백가는 각 제후국의 군주들을 만나 자신의 사상을 설명하고 등용되려고 유세를 벌였는데, 이들을 유세객이라 한다. 유세를 잘하면 하루아침에 재상이 되기도 했는데, 그런 대표적인 인물이 이 책에도 나오는 합종책의 소진이나 연횡책의 장의, 그리고 한비자가 스승으로 삼았던 신불해나 상앙 등이었다. 이런 상황에서 한비자는 법가 사상을 바탕으로 자신의 조국 한나라를 구하려고 했던 것이다.

하지만 이런 그의 소망은 조국인 한나라에서는 실현되지 못했다. 어리석은 군주와 권력을 차지한 신하들의 농간 때문이었다. 하지만 우연하게 그의 글을 입수해 읽은 진나라의 군주 정[政, 진시황(秦始皇)]은 한비자의 주장에 크게 감명을 받았다.

특히 그는 〈고분〉 편과 〈오두〉 편을 읽고 크게 탄복했다고 한다. 이러한 이유로 진왕 정은 한비자를 불러들이기 위해 병력을 동원해 한나라를 공격했는데, 한나라는 크게 놀라 한비자를 사신으로 임명해 진나라로 보내게 되었다. 진의 군주는 크게 기뻐하여 그를 머물도록 하면서 조언을 구하려고 했다. 그런데 이렇게 되자 한비자와 동문이자 당시 진나라의 재상이던 이사의 질투를 불러일으켰다. 이사는 한비자가 중용되면 자신의 입지가 위태로울까 봐 걱정이 되었던 것이다. 그래서 한비자가 진의 군주에게 한나라를 제후국으로 남겨 주도록 건의한 것을 빌미삼아 요가라는 사람을 시켜 그를 비방하도록 시켰다. 이사와 요가는 진의 군주에게 한비자가 한나라의 공자이기 때문에 속마음으로는 한나라의 이익을 위할 것이라고 주장하면서 도리어 한나라를 멸망시켜야 한다고 주장했다.

진왕 정은 적국의 사신이던 한비자를 완전하게 신임한 상태는 아니었기 때문에 이사와 요가의 말을 듣고 일단 한비자를 감옥에 가두었다. 옥에 갇힌 한비자는 진의 군주를 설득하기 위해 만나게 해 달라고 이사에게 간청했으나 그것을 이사가 들어줄 리 만무했다. 이사는 혹시라도 진의 군주가 마음을 바꿔 한비자를 등용할까 두려워한 나머지 사람을 보내 독약이 든 술을 마시게 해 한비자를 죽이고 말았다. 얼마 후 진왕 정이 한비자를 풀어 주고 만나려 했으나 이미 한비자는 죽은 뒤였다. 이사와 요가는 한비자가 옥중에서 병으로 죽었다고 거짓으로 꾸며댔다. 사마천이 말한 것처럼 한비자 자신은 〈난언〉 편과 〈세난〉 편에서 군주를 설득하기 어렵다는 것을 밝히고 그 대처 방법을 제시했지만, 정작 자신은 죽음을 면치 못하는 화를 당하고 말았던 것이다.

이렇게 해서 한비자는 허망하게 죽고 말았고 그의 조국 한나라는 그로부터 3년 뒤에 진나라에게 멸망하고 말았다. 하지만 훗날 한나라의 왕충이 《논형(論衡)》이라는 책에서 한비자의 조국 한나라가 망하고 진나라가 통일을 이룩한 것은 진시황이 한비자의 주장을 수용했기에 가능한 일이라고 말한 것처럼, 한비자는 비록 진나라에서 죽음을 당했지만 그의 법치 사상은 진시황의 중국 통일을 전후로 진나라의 통치 원칙으로 활용되었다. 진시황이 한비자의 직접적인 제자는 아니었지만 그의 사상은 진시황을 통해 세상에 널리 알려지게 된 것이다.

2. 한비자의 주요 사상

한비자의 사상 체계는 크게 나누면 '법(法)', '술(術)', '세(勢)'라는 3개의 개념을 축으로 한다. 여기에 그의 스승인 순자의 성악설이 바탕을 이루고 있다.

한비자가 스승인 순자에게 물려받은 첫 번째 유산은 사람은 자신에게 이로운 것을 추구하고 해로움을 기피한다는 성악설이었다. 성악설은 전국 시대를 살던 사람들에게 매우 공감이 가는 학설이었다. 부모와 자식, 군주와 신하, 관리와 백성 사이에도 이해관계가 맞지 않으면 서로를 죽이거나 음해하는 세상에 사는 사람들로서는 사람은 태어날 때부터 선한 본성을 가졌다는 맹자의 성선설은 그다지 믿음이 가지 않는 학설이었을 것이다.

한비자는 이런 순자의 성악설을 보다 철저하게 사회적인 이해관계에서 파악하려고 했다. 순자는 인간이 비록 악하게 태어났지만 후천적인 교육에 의해 개선이 가능하다고 주장했다. 그러나 한비자는 인간의 이익을 추구하는 성향은 본질적으로 개선할 수 없는 것이라고 보고 오직 법치라는 제도를 통해 악을 방지해야 한다고 보았다. 다시 말하자면 사람은 환경에 의해 후천적으로 개조가 가능하다고 보았기 때문에 순자는 예(禮)라는 법식과 교육을 통해 이를 해결하려고 했다. 그러나 한비자는 법이라는 강제적 상황이 아니라면 인간의 이익을 추구하는 성향을 제어할 수 없다고 본 것이다.

두 번째로 물려받은 것은 군주만이 유일하게 존중되고 군주의 이해가 나라의 이해라는 입장인 존군(尊君) 사상이었다. 단지 서로 차이가 있다면 순자는 군주의 이익이 곧 신하와 백성들의 이익이 될 수 있기 때문에 군주의 절대 권력을 강조했으나, 한비자는 군주와 신하, 군주와 백성, 관료와 백성의 관계를 상생의 관계가 아니라 대립적인 관계로 보았기 때문에 군주의 통치술에 더욱 역점을 두었다. 말하자면 성악설을 끝까지 밀고 나가 군주와 신민 사이에는 이해관계가 일치할 수 없으므로 군주는 항상 경계하고 세밀하게 관찰해서 이들을 다스려야 한다는 것이다.

이렇게 순자의 사상을 바탕에 깔고 한비자는 상앙의 '법'과 신불해의 '술', 그리고 신도의 '세' 논리를 계승해 자신의 법가 사상을 완성했다.

상앙이 주장하는 '법'은 제도화하고 공평무사한 상벌 제도를 정해 관리와 평민에게 차별 없이 적용해야 한다는 주장이었다. 어찌 보면 가혹하고 엄격하게 형벌을 적용해서 누구나 따르도록 하자는 논지였다. 실제로 상앙은 이를 통해 진나라를 길거리에 떨어진 물건도 함부로 손대지 않는 나라로 만들었지만 정권이 바뀌자 정적들의 공격을 받고 피신했을 때 그 자신도 그가 만든 법 때문에 죽는 불행을 당하기도 했다. 이러한 엄격한 법 논리는 한비자에게도 그대로 이어졌으나 한비자는 엄격한 법 적용의 논리를 유가나 묵가 등에서 내세운 인의나 겸애, 도덕 정치에 대항하는 현실 논리로 적용했다. 말하자면 성인이나 현인이 아니라도 보통 수준의 군주라면 올바른 상벌과 법을 통해 나라를 제대로 다스릴 수 있다는 논리였다.

신불해의 '술'은 오로지 군주만 소유하는 통치술로 능력에 따른 관직 배분, 관직에 따른 책임 부여, 신하에 대한 생살여탈권, 신하의 능력 파악 등을 주된 내용으로 한다. 군주는 신하와 구별되는 존재이므로 신하의 직분을 명백하게 하고 군주의 행동을 신하들이 예측하지 못하도록 하는 것이 중요하다는 것이다. 신불해는 원래 정나라 출신이었지만 한나라 재상이 되어 이런 통치술을 바탕으로 한나라를 강한 나라로 만들기도 했다. 사실 통치술이란 어떤 시대나 상황에 구애되지 않고 군주가 항상 지켜야 하는 일종의 군주론에 해당되는 것이다. 군주 스스로가 일에 대해 불투명한 태도를 취하거나 측근을 비호하거나 놀기만 좋아한다면 아무리 뛰어난 신하라 해도 제대로 능력을 발휘할 수 없는 것이 세상의 이치다. 그러므로 군주는 항상 위엄을 기본자세로 삼고 신하들의 일거수일투족을 철저하게 점검해야 나라를 제대로 다스릴 수 있다는 것이다.

신도가 말한 '세'는 군주의 권세, 즉 권력을 상징하는 말로 통치를 하는 권위를 뜻한다. 아무리 뛰어난 능력을 지녔어도 자신의 뜻을 펴지 못하는 까닭은 그에게 권세가 없기 때문이며 아무리 어리석어도 군주로 태어났다면 그는 권세를 부릴 수 있다는 것이다. 그러므로 현명한 신하라도 어리석은 군주에게 굴복 당하는 것은 '세'와 지위 때문인 것이다. 정치란 개인적 능력에 의해 좌우되는 것이 아니라 그가 지닌 정치적 지위에 따라 결정된다는 일종의 현실 논리가 바로 '세'였다. 신도는 이런 '세'를 주장하면서 군주의 인품이나 개인적 능력을 중요하게 보아서 성인이나 현인의 성치를 주장한 유가 사상에 반대했다. 그런데 신도가 이런 권세를 자연적인 것으로 본 데 반해 한비자는 이것을 인위적인 것으로 파악해서 그것을 현실론으로 정착시킨다.

한비자는 이 세 사람의 주장 중에 하나만으로는 안정적인 통치 체제의 확립이 어렵다고 생각해 이 세 가지를 종합해야 한다고 보았다. 즉, 한비자는 강력한 정치 체제를 확립하기 위해서는 '법', '술', '세' 모두가 필수적인 요소라고 보았던 것이다. 그래서 법을 시행함에 있어서는 한결같아야 하고 상벌은 공정하게 집행하는 '법치(法治)'를, 사람을 등용하는 데 있어서는 신하들의 심리나 상황을 귀신같이 밝게 파악하는 '술치(術治)'를, 권세를 내세우고 교화가 엄격하면 사람들이 거역하지 못한다는 '세치(勢治)'를 모두 겸해야 세상의 패자로 설 수 있다고 주장했다.

이런 한비자의 법가 사상은 우리가 생각하는 오늘날의 법치주의와는 다른 것이었다. 그는 군주의 권력을 극대화하고 그것을 통해 통치 질서를 세우는 정치 공학적 차원에서 법가 사상을 주장한 것이다. 이런 점에서 그의 사상은 유럽 근대 시기에 군주가 절대적 권위를 지키기 위해 정치 공학적인 권모술수까지도 마다하지 않고 동원해야 한다는 마키아벨리의 사상과 상당히 유사한 측면이 있어 흥미롭다. 마키아벨리즘이 중세 이래 작은 영주국이나 도시들로 찢겨져 있던 유럽 사회에서 절대 왕정이 등장하게 한 사상적 근거가 됐듯이, 한비자의 사상 역시 분열과 혼란에 휩싸였던 전국 시대를 종식시키고 통일 왕조를 이루는 밑거름이 되었다는 점에서 그 사상적 기반의 유사성을 찾을 수도 있다.

하지만 한비자의 사상은 한나라 이후 유가 사상이 중국 사회를 지배하게 되면서 이단으로 취급되어 공개적으로는 많은 비판을 받았다. 유가의 입장에서 보면 한비자는 부모 자식 사이도 이해관계로 파악하는 패륜아로 비쳤을 것이다. 그럼에도 한비자가 주장한 이론이 현실 정치에서 유용하다는 것은 부인할 수 없는 진실이었다. 그래서 중국의 역대 왕조는 겉으로는 유가 사상에서 내세운 인의와 도덕 정치를 주장했지만, 속으로는 한비자의 통치술과 법치를 실행하고자 했다. 역설적이게도 한비자는 끊이지 않고 부활했던 셈이다.

3. 《한비자》라는 책은?

《한비자》의 원래 제목은 《한자(韓子)》였다. 그런데 송나라 이후부터 당나라 때의 학자인 한유[韓愈, 퇴지(退之), 768~824]를 높여 한자(韓子)라고 부르고 그의 문집인 《창려집(昌黎集)》을 《한자(韓子)》라 부르면서 그것과 구별하기 위해 한비자의 《한자》를 《한비자》로 바꾸었다. 《한비자》가 몇 편으로 이루어졌는지는 명확하게 밝혀져 있지 않다. 다만 《한서(漢書)》〈예문지(藝文志)〉 제자략(諸子略)에 '한자 55편'이라고 기록되어 있을 뿐이다. 사마천의 《사기》〈노자한비열전〉에는 〈고분〉·〈오두〉·〈내외저〉·〈세림〉·〈세난〉 편 등 십만여 자가 있다고 기록되어 있을 뿐 전체 편 수에 대한 언급은 없다. 더구나 한나라 이후 한비자가 이단 취급을 받았기 때문에 이에 대한 고증이나 연구가 그다지 활발하지 않았다. 이런 여러 가지 이유로 《한비자》의 가장 오래된 판본도 송나라 시대의 건도본[乾道本, 건도 원년(1165)에 간행된 판본]으로 보나 그마저도 원본은 없고 청나라 시대에 들어와서 대조한 판본만 남아 있는 형편이다. 그러므로 실제로 55편인지도 명확하지 않으며 후대에 와서 첨삭했는지 여부도 정확하게 밝혀지지 않고 있다. 다만 오늘날 학계에서 인정하는 것은 《한비자》라는 책이 순수하게 한비자 한 사람만의 저술이 아니라 그의 제자나 법가에 속하는 학자들에 의해 첨삭되었을 것이라는 추측뿐이다.

현재 전해 오는《한비자》55편은 그 내용과 형식으로 보아 크게 두 가지로 분류할 수 있다. 하나는 직접 서술한 논문체나 문답체의 글이고 다른 하나는 설화 형식의 글이다. 그 분량은 대략 절반씩 차지하고 있다. 이것을 정리하면 다음과 같다.

제1권	(姦劫弒臣)	28. 공명(功名)
1. 초견진(初見秦)	제5권	29. 대체(大體)
2. 존한(存韓)	15. 망징(亡徵)*	제9권
3. 난언(難言)	16. 삼수(三守)*	30. 내저설상칠술
4. 애신(愛臣)	17. 비내(備內)*	(內儲說上七術)*
5. 주도(主道)	18. 남면(南面)	제10권
제2권	19. 식사(飾邪)	31. 내저설하육미
6. 유도(有度)	제6권	(內儲說下六微)*
7. 이병(二柄)*	20. 해로(解老)	제11권
8. 양권(揚權)	제7권	32. 외저설좌상
9. 팔간(八姦)*	21. 유로(喻老)	(外儲說左上)*
제3권	22. 세림상(說林上)*	제12권
10. 십과(十過)*	제8권	33. 외저설좌하
제4권	23. 세림하(說林下)*	(外儲說左下)
11. 고분(孤憤)*	24. 관행(觀行)*	제13권
12. 세난(說難)*	25. 안위(安危)	34. 외저설우상
13. 화씨(和氏)*	26. 수도(守道)	(外儲說右上)
14. 간겁시신	27. 용인(用人)	제14권

55편에 가운데 본문에서 다루지 않은 편들에 대한 내용을 간략하게 소개하면 다음과 같다.

1. 초견진(初見秦)

한비자가 한나라 왕의 사신으로 진나라에 가서 군주인 정을 만나면 무슨 말을 처음 올릴까 생각하며 쓴 글이다. 내용에서 역사적 사실과 맞지 않은 부분이 있어 한비자 자신이 쓴 글로 보기 어렵다는 견해도 있다. 글의 요지를 살피면, 진나라가 천하를 통일할 만한 실력을 갖추고 있지만 성과를 거두지 못하는 것은 지혜와 전략을 겸비한 신하가 없기 때문이라고 주장하고 있다.

2. 존한(存韓)

진나라의 군주에게 한나라를 공격하는 것이 진나라에게 유리하지 않다고 주장하는 글과 이를 반박한 이사의 글, 그리고 다시 이사가 한나라의 군주에게 올린 글 등이 실려 있다. 한비자 자신이 쓴 글로 보기 어렵다는 견해가 있다.

3. 난언(難言)

타인을 설득하는 것이 너무나 어려워서 말하기를 삼간다는 뜻이다. 대체로 한비자가 진나라 군주에게 올린 글이라고 보는 견해가 지배적이다. 권력의 중심에 위치한 군주에게 자신의 의견을 제시할 때는, 말의 형식과 본질이 왜곡될 수 있음을 상세하게 논한 글이다.

4. 애신(愛臣)

군주에게 올리는 글의 형식을 갖추고 있는데, 한비자는 군주가 권력을 신하와 나눠 가져서는 안 된다는 주장을 하고 있다. 한비자는 군주가 첩이나 측근을 너무 아낄 때 권력의 누수나 위기가 발생한다면서 이를 경계하라고 주장한다. 특히 아무리 공이 많은 대신일지라도 사병을 소유하게 해서는 안 된다고 권고하고 있다.

5. 주도(主道)

군주의 갈 길에 대해 논한 글이다. 한비자가 노자의 도(道) 개념을 빌려와 군주로서 기본적으로 갖추어야 할 자세를 제시하고 있다. 즉, 군주에게 허정(虛靜, 텅 비어 사물에 마음이 움직이지 않는 상태)과 무위(無爲, 자연에 따라 행하고 인위를 가하지 않는 것)의 태도를 지키면 신하의 본심을 잘 파악할 수 있으며 그 능력을 가장 능률적으로 끌어올릴 수 있다고 기술하고 있다.

6. 유도(有度)

나라에 법도가 있어야 한다는 뜻으로 군주는 반드시 일정한 법도를 마련해 그것을 엄격하게 지켜 나가야 한다면서 귀족이나 군주의 측근이라 해서 법이 달리 적용되어서는 안 된다는 주장을 담고 있다. 공과 사를 구분하여 신하에게 철저하게 법을 적용할 것을 강조하고 있다.

8. 양권(揚權)

'양권'은 권력을 보존하기 위해 논리를 펼친다는 뜻으로 〈이병〉·〈주도〉 편과 함께 군주의 통치 기술을 이론적으로 전개한 일종의 '군주론'이라 할 수 있다. 군주가 지엽적인 것에 휘둘리지 않고 신상필벌(信賞必罰, 공이 있는 자에게는 반드시 상을 주고, 죄가 있는 사람에게는 반드시 벌을 준다)을 추진해 사악한 일이 일어나지 않게 미리 막아야 한다는 주장을 하고 있다. 이를 위해 군주는 모름지기 일관성을 유지해야 하며 때로는 신령스러움까지도 보여야 한다고 주장한다.

14. 간겁시신(姦劫弑臣)

'간겁시신'은 군주를 위협하거나 죽이는 간신이란 뜻으로 어떻게 해서 절대 권력을 쥐고 있는 군주가 신하에게 위협을 당하고 결국에는 죽임까지 당하는가를 고사를 통해 예시하며 이에 대한 대안을 제시한다. 군주의 처자식이나 친족조차도 그들의 권력욕을 충족시키기 위해 군주를 살해한 사례를 든 뒤, 하물며 피를 나누지 않은 신하들은 오죽하겠느냐면서 오직 법술로써 통치하는 길만이 이를 막을 수 있다고 강조한다.

18. 남면(南面)

'남면'은 군주가 북쪽을 등지고 남쪽을 향해 앉아서 정사를 편다는 데서 비롯된 말인데, 군주가 신하를 다스리는 통치술을 펼치려면 누구도 믿어서는 안 된다고 주장한다. 법술과 상벌권의 장악 등 자신의 기본 사상을 제시하고 있다.

19. 식사(飾邪)

'식사'란 미신(迷信)을 경계한다는 뜻이다. 신하들은 자신의 사악한 마음을 감춘 채, 점술을 빌려 군주를 현혹시키는 경우가 있으므로 군주는 신하들의 불합리한 행위를 간파해야 된다고 주장한다. 군주가 먼저 공과 사를 엄격하게 구분하면 신하들도 감히 사심을 내세우지 못하고 미신 따위를 내세우려 들지 않는다고 말한다.

20. 해로(解老)

'해로'는 《노자》를 풀이한다는 뜻으로 《노자》에 대한 주석서라 할 수 있다. 《노자》 가운데 12편에 대한 한비자의 해석을 실었다. 〈해로〉 편은 현존하는 《노자》의 구성 및 내용과 다른 부분이 있어 귀중한 자료적 가치가 있다.

21. 유로(喩老)

'유로'란 《노자》의 뜻을 일깨워 준다는 말로 〈해로〉 편과 함께 《노자》에 대한 오래된 주석서라 할 수 있다. 다만 〈해로〉 편보다 좀 더 구체적인 사례를 통해 합리적이며 논리적인 사유를 강조한다.

25. 안위(安危)

나라를 편안하게 하는 일곱 가지 행동과 혼란스럽게 하는 여섯 가지 행동을 제시하고 그에 대한 예증을 하고 있다. 한비자는 나라를 안정시키려면 상벌(賞罰), 화복(禍福), 생사(生死), 현우(賢愚) 등을 판단할 때 개인적인 억측을 배제하고 일정한 기준을 세워야 한다고 주장하면서 군주는 신하보다 앞서 뼈를 깎는 노력을 해야 한다고 강조한다. 결국 나라의 존망 여부는 백성의 수가 많은가 적은가에 달려 있는 것이 아니라, 법에 충실해서 시비를 정확하게 분별하는가에 달려 있다는 것이다.

26. 수도(守道)

'수도'는 나라를 지키는 길, 또는 나라를 보존하는 방법이라는 뜻이다. 나라를 지켜 나가는 방법을 완벽하게 갖추기 위해서는 상과 벌을 엄정하게 내릴 때에 가능하다는 것을 강조한 글이다. 특히 군주가 권력을 보존하는 가장 중요한 수단은 법치의 확립이라면서 마치 호랑이를 길들이려면 우리에 가두어야 하듯이, 간사한 일을 막으려면 법을 써야 한다고 말한다. 한비자의 엄벌주의를 엿볼 수 있다.

27. 용인(用人)

'용인'이란 사람을 쓰는 방법이란 뜻으로 군주가 신하를 적재적소에 배치해서 부려야 한다는 주장이다. 그래서 군주는 자의적 판단에 의해서 신하를 다스리는 것이 아니라, 법술과 신상필벌을 통해 법치주의를 확립해야 한다는 논지를 편다.

28. 공명(功名)

'공명'은 공로와 명예를 말하며 군주가 재위 기간 동안에 업적을 남기기 위한 방도를 논한 글이다. 군주는 공명을 이루기 위해 하늘의 때와 사람의 마음과 천하의 권력을 상황과 시기에 맞게 얻어야 한다는 것이다. 비록 요임금과 같은 군주가 열이라도 겨울에 벼이삭을 틔울 수 없는 것처럼 하늘의 때가 맞지 않고 사람의 마음을 거스르면 아무리 군주가 강압적으로 대한다 해도 정치적 목적을 이루지 못한다는 것을 강조한다.

29. 대체(大體)

'대체'는 큰 줄기로 보는 요점이나 요령을 말하며 나라를 다스리는 정치적 요점에 대해 논한 글이다. 객관적인 법술의 제정과 상벌에 의한 통치 방법을 강조하면서 군주와 신하들 간에 상하 질서가 안정적으로 유지해야 나라가 잘 다스려진다는 것이다. 자연의 이치에 순응하는 자세를 중시해서 노장 사상의 영향을 엿볼 수 있는 것이 이 글의 특징이다.

36~39. 난일~사(難一~四)

이 4편은 모두 '난'이라는 형식으로 쓰인 글이다. '난'이란 어떤 주장에 대한 논박(論駁)이라는 뜻인데, 그다음의 〈난세〉 편과 함께 당시 널리 유행하던 유가와 묵가의 주장을 논박하며 그 대안으로 법가 사상을 제시하고 있다.

41. 문변(問辯)

'문변'은 어떤 논변(論辯)에 대해 묻는다는 뜻으로 이 글은 전국 시대의 명가(名家)에 대한 비판과 군주의 통치술을 논하고 있다. 명가는 어떤 문제를 논리로 푸는 논변술을 펼친 학파인데, 한비자는 이들이 허황되게 군주를 현혹시킨다고 비판하면서 그 생겨난 원인과 없애는 방법에 대해 기술하고 있다.

42. 문전(問田)

이 글은 글머리에 있는 글자를 가지고 편의 이름을 정한 것으로 《논어》나 《맹자》 등과 유사한 형식으로 편찬했다. '서거라는 사람이 전구에게 묻는다(徐渠問田鳩).'라는 구절에서 따온 것으로 법치와 통치술의 중요성을 강조하면서 논변술의 위험성을 지적하고 있다. 주장에 일관성이 없고 '한자(韓子)'라는 존칭을 사용하고 있어 후대에 쓰인 글로 보인다.

43. 정법(定法)

'정법'은 법을 설정한다는 의미인데, 이 글에서 한비자는 상앙의 견해인 중법(重法, 법을 중요하게 여김), 신불해의 중술(重術, 통치술을 중요하게 여김), 그리고 신도의 중세(重勢, 권세를 중요하게 여김)를 종합해서 자신이 세운 법치의 이념과 방향을 제시하고 있다. 문답 형식을 취해 논지를 분명하게 밝히고 있다.

44. 설의(說疑)

'설의'는 의심스러운 일에 대해 분명하게 밝힌다는 뜻으로 군주가 어떻게 간신의 마음을 파악하여 그 폐해를 방지할 것인가를 밝힌 글이다. 신하의 마음에서 간악함이 생기지 않도록 막는 것이 최상이고, 그다음은 간악한 말을 막는 것이며, 그다음은 간악한 일을 막는 것이라고 주장한다.

45. 궤사(詭使)

'궤사'란 쓰임이 서로 어긋난다는 뜻이다. 군주가 사람을 쓰는 목적은 그 사람을 통해 나라를 제대로 다스리기 위함인데, 당시의 군주들은 현명한 신하는 버려두고 공리공담을 일삼는 이들을 우대하고 있어, 그 쓰임이 어긋난다고 주장한 것이다. 군주는 신하가 내세우는 주장과 실적이 일치하는가를 엄격하게 살피라는 주장이다.

46. 육반(六反)

'육반'은 이름과 실제가 서로 상반되는 여섯 가지에 대해 논한다는 뜻이다. 군주에게 도움이 안 되는 유형의 사람들이 도리어 백성의 칭송을 받고 백성의 원성을 사는 이들이 군주에게 존중을 받는 상황을 여섯 가지 유형으로 정리하고 이에 대한 대책을 논했다.

47. 팔설(八說)

법치주의에 반하는 여덟 가지 유형의 사람들을 제시하고 정리했다. 옛 친구라 하여 사사롭게 은혜를 베푸는 사람, 공공의 재물을 이용해 남에게 은혜를 베푸는 사람, 군주가 주는 봉록을 가볍게 여기고 자신만을 위하는 것을 군자라고 말하는 사람, 법을 어기더라도 친애하는 자들을 돌보면 덕이 있다고 여기는 사람, 관직을 버리고 사귐을 중시하는 사람, 속세의 속박을 피하여 사는 사람, 법령에 구애받지 않고 살면 강직하다고 여기는 사람, 사사롭게 은혜를 베풀어 인심을 모으는 사람 등이 여덟 가지 유형의 사람들이다. 이 글 또한 〈육반〉이나 〈궤사〉 편 등과 같이 군주의 통치술 확립을 위해 신하를 면밀하게 살피라는 주장을 하고 있다.

48. 팔경(八經)

'팔경'은 군주가 지켜야 할 여덟 가지 원칙이나 규범을 뜻하는데, 이 글은 일종의 군주론에 대한 요약문과 같다. 이익을 추구하고 해로움을 싫어하는 사람들의 본성에 입각해 상벌을 시행할 것[인정(因情)], 군주의 사사로운 지혜에 의거하지 말고 여러 사람들의 지혜를 모을 것[주도(主道)], 혼란을 미리 방지할 것[기란(起亂)], 말과 실적을 대조해 추궁할 것[입도(立道)], 군주의 속내를 드러내지 말 것[주밀(周密)], 신하들의 언행이 일치하는지 살필 것[참언(參言)], 신상필벌의 원칙을 따를 것[임법(任法)], 군주의 권위를 신하와 나누지 말 것[유병(類柄)] 등이 그 내용이다.

50. 현학(顯學)

'현학'이란 세상에 크게 드러난 학파라는 뜻으로, 이 글은 당시 세력을 과시하던 유가와 묵가를 비판하고 있다. 옛 성왕의 업적을 숭상하는 유가의 주장과 현자를 숭상하는 묵가의 학설을 반박하면서 이들 주장이 모두 현실성이 없는 허황된 것이라고 말한다.

51. 충효(忠孝)

유가에서 중시하는 '충효'라는 덕목은 모순된 논리라고 비판하면서 한비자 자신이 생각한 충효관을 제시했다. 그는 충효라는 덕목 자체를 부인하지는 않았지만, 군신 관계보다 부자 관계를 중시한 유가를 비판하면서 군신 관계를 강조했다. 후대의 저술로 보인다.

52. 인주(人主)

'인주'란 군주를 뜻한다. 이 글은 군주가 사람을 쓰는 요령에 대해 논하면서, 군주를 대신해 나라의 권력을 전횡하는 권신이나 측근을 몰아내고 법술에 능한 인재를 중요하게 여길 것을 강조한다. 〈화씨〉나 〈고분〉 편 등과 비슷한 내용이다.

53. 칙령(飭令)

'칙령'이란 명령을 엄격하게 잘 정비해서 내린다는 뜻이다. 군주가 명령을 함부로 내리지 않고 신중하고 엄밀하게 검토하고 내려야

만 명령과 법률 체계가 확립되고, 신하들도 간악한 마음을 품지 않게 된다는 것이다. 글의 내용이 상앙의 저서인 《상군서(商君書)》의 〈근령(懃令)〉 편과 비슷해 후대의 편찬자들이 잘못 끼워 넣은 것으로 보기도 한다.

54. 심도(心度)

'심도'는 사람의 마음을 헤아리는 기준이라는 뜻이다. 사람의 본성이란 편안함과 이득을 추구하고 수고스러움과 고통을 싫어하므로, 군주가 나라를 다스릴 때는 법률로써 엄격하게 다스려야 한다는 것을 강조한다. 이것이 결과적으로 백성을 사랑하고 이득을 준다는 것이다.

55. 제분(制分)

'제분'이란 형벌과 포상의 구분을 제정한다는 뜻이다. 상을 좋아하고 벌을 싫어하는 사람들의 정서를 바탕으로 상벌을 제정할 때, 나라의 질서와 체계가 확립된다는 점을 강조한 글이다. 감시와 고발이나 연좌제(범죄자와 일정한 친족 관계가 있는 자에게 연대적으로 그 범죄의 형사 책임을 지우는 제도)를 통해 상벌의 효과를 거둘 수 있다고 한 점에서 상앙의 주장과 유사하다.

4. 오늘날 《한비자》가 갖는 의미

한비자의 사상은 도덕과 인의에 기반을 두지 않고 법질서에 통치의 근거를 두었다는 점에서 중국 정치 체제에 많은 영향을 끼쳤다. 특히 강력한 중앙 집권 체제를 이룬 한나라 이후 법질서와 관료 제도를 확립하는 율령격식(律令格式)은 국가 통치의 근간을 이루는 것이었다. 그러나 앞에서도 말했지만 유학 사상과 정면으로 배치되는 주장 때문에 그의 사상은 실용적으로는 쓰였지만 공개적으로 수용되지는 못했다.

물론 그의 사상은 철저하게 군주의 이해관계를 앞세운다는 점에서 봉건적인 전제 국가의 이데올로기로는 의미가 있었지만 오늘날과 같은 민주주의 시대의 법사상과는 거리가 먼 것 또한 사실이다. 하지만 우리가 눈여겨보아야 할 점은 막상 인의와 도덕을 강조한 유학 사상도 봉건적 질서의 지배 이데올로기로 되면서 실질적으로는 더 큰 문제를 드러냈다는 사실이다. 어찌 보면 한비자는 보다 솔직하게 말한 것이고 공자는 에둘러 말한 것일지도 모른다.

그러면 한비자가 주장한 법치와 통치술은 오늘날 우리에게 무엇을 가르쳐 주는가? 오늘날 사람은 본성적으로 선한가 악한가라는 문제를 놓고 논쟁한다면 많은 사람들은 악하다는 쪽으로 기울지도 모를 일이다. 왜냐하면 무한 경쟁의 자본주의와 민족과 국가를 앞세우는 국가주의가 오늘의 우리를 지배하고 있는 이데올로기인데다가 사람과 사람의 관계는 우호적인 것이 아니라 대립적이거나 경쟁적인 것이기 때문이다. 따라서 우리는 한비자가 내세웠던 주장들, 인간은 이익을 앞세우는 존재라는 성악설이나 군주 중심의 법치 사상을 오늘의 잣대로 바라보는 우를 범해서는 안 된다. 한비자 또한 인간과 인간의 관계가 우호적이고 서로 화목하기를 원했다. 다만 그가 살던 시대가 도덕과 인의는 땅에 떨어진 전국 시대였고 그런 혼란을 극복하기 위해서는 강력한 군주가 나타나 천하를 통일하는 것이 중요하다고 생각했던 것일 뿐이다. 그렇다고 그의 주장이 옳다는 의미로 받아들여져서는 안 될 것이다. 그의 사상에는 분명 몇 가지의 문제가 있었고 그것을 극복하는 것은 오늘을 살아가는 우리의 몫이기 때문이다.

가장 먼저 지적할 문제점은 그가 민초를 중심으로 사상을 수립한 것이 아니라 군주를 중심으로 수립했다는 점이다. 그가 내세운 법치를 내용적으로 보면 그것은 군주의 정치 공작이나 권모술수를 정당화하기 위한 군주의 법치였다. 물론 그렇다고 그가 민초, 특히 농민의 삶을 안정시키고 그것을 바탕으로 부국강병책을 펴야 한다는 것을 부인한 것은 아니다. 다만 그는 주안점을 군주에게 맞추었다는 것이다.

다음으로는 그가 말하는 엄정하고 공평무사한 법치의 실체가 과

연 무엇이었느냐의 문제다. 사실 오늘날에도 많은 사람들은 법치가 민주주의의 필요조건이라고 주장한다. 하지만 이 주장도 있는 그대로 받아들이기가 곤란하다는 것은 '악법도 법이다.'라는 논리가 전제되어 있기 때문이다. 법이란 본래 인간이 사는 사회의 질서를 세우는 것이고 인간 사회의 보다 행복한 삶을 보장하기 위해 정한 규칙이다. 그런데 이 규칙이 도리어 인간을 구속하고 억누른다면 그것은 이미 법으로서의 본래 가치를 잃은 것이다. 그러므로 많은 법 이론가들이 주장하듯이 법이란 인간에게 알맞게 고쳐지고 변화하는 것이며 법보다는 정황 논리가 때로는 문제를 해결할 수도 있는 것이다. 가령 '미친 운전사가 차로 사람들을 마구 해치고 있을 때 법에 따라 경찰이 올 때까지 그것을 그냥 두고 본다면 그것은 옳은가?'라는 문제와도 비슷한 것이다.

권력이란 항상 민초의 편에 설 수도 있고 권력자를 위해 사용될 수도 있는 양면의 칼날과 같은 것이다. 이 점을 고려하지 않는 한 권력자가 일방적으로 주장하는 법치는 공허한 빈말로 그칠 공산이 크고 법치는 또 다른 무질서를 초래할 수도 있는 것이다. 이런 점에서 한비자는 진나라가 중국을 통일하고 그토록 엄한 법치를 시행했지만 불과 20년도 채 안 되어 멸망했다는 점을 생각하지는 못했을 것이다.

이러한 점을 염두에 두고 접근한다면 《한비자》와의 만남은 매우 유익할 것이다. 사실 한비자는 보통의 인간이 지닌 마음속의 심리나 욕구를 가장 잘 파악한 사람이었고 매우 현실적인 리더십을 주장한 사람이었다. 오늘날 처세술이나 CEO론 등에서 내세우는 주장과 한비자의 주장이 그다지 다르지 않은 이유도 그 때문이다. 현명한 리더는 상대의 마음을 읽어야 한다는 주장 한마디로도 이 책을 읽는 가치는 충분할 것이다.